武治三千年

范文澜 等 著

中国经济出版社
CHINA ECONOMIC PUBLISHING HOUSE
·北京·

图书在版编目（CIP）数据

武治三千年 / 范文澜等著 . -- 北京：中国经济出版社，2025.1. -- ISBN 978-7-5136-8042-4

Ⅰ . K207-53

中国国家版本馆 CIP 数据核字第 2024N6Z519 号

策划编辑	龚风光　王　絮
特邀策划	蓝色城・姚念强
责任编辑	王　絮
责任印制	马小宾
封面设计	极宇林・静　颐

出版发行	中国经济出版社
印 刷 者	河北鑫玉鸿程印刷有限公司
经 销 者	各地新华书店
开　　本	880mm×1230mm　1/32
印　　张	9.25
字　　数	189 千字
版　　次	2025 年 1 月第 1 版
印　　次	2025 年 1 月第 1 次
定　　价	59.80 元

广告经营许可证　京西工商广字第 8179 号

中国经济出版社　网址　www.economyph.com　社址　北京市东城区安定门外大街 58 号　邮编 100011
本版图书如存在印装质量问题，请与本社销售中心联系调换（联系电话：010-57512564）

版权所有　盗版必究（举报电话：010-57512600）
国家版权局反盗版举报中心（举报电话：12390）服务热线：010-57512564

编者说明

《武治三千年》从展现古代王朝维护国家统一出发,选取翦伯赞、陈恭禄、范文澜、吕思勉、岑仲勉、吴晗等六位历史学家的文章,按朝代顺序讲述古代王朝开疆拓土、平叛治乱、发展边疆文化等事迹。

由于时代不同,某些字词及标点符号的使用与现今有所不同,编者为照顾现代读者的阅读体验,对部分原文进行了改动。原文字词按照《现代汉语词典(第7版)》进行统一;原文标点符号按照《标点符号用法》(GB/T 15834-2011)进行修正。

书中一些旧提法,如今已不再使用,编者仍保持原貌,以不失作者原意及时代特色。另外,作者观点不代表出版方立场,望读者明鉴。

目录

第一章
先秦：巩固统治

盘庚迁都与殷末的东南征伐 / 003

"武王伐纣""前徒倒戈"与殷代奴隶制国家的灭亡 / 011

周公东征 / 015

武备之进步 / 017

第二章
秦汉：版图初定

秦朝的事功 / 021

抑制匈奴 / 024

平定西域 / 029

灭亡朝鲜 / 034

后汉的武功 / 036

第三章

魏晋南北朝：混乱与分裂

八王之乱 / 043

孝文迁洛 / 047

南北两朝的战争 / 061

第四章

隋唐：开疆拓土

平陈 / 071

疆域之开拓 / 074

三伐高丽 / 078

初唐的对外侵略 / 084

自府兵起源以至于隋 / 094

唐之府兵及彍骑 / 107

武宗之攘外安内 / 122

肃代到穆宗时候的藩镇 / 129

从魏晋到唐的兵制 / 133

第五章

宋辽金元：和议与扩张

神宗的武功 / 139

南宋初期的战事 / 145

和议的成就和军阀的蓟除 / 150

海陵的南侵和韩侂胄的北伐 / 161

蒙古族的武功 / 165

宋辽金元四朝兵制 / 179

第六章
明清：发展与鼎盛

明初的武功 / 187

倭寇和丰臣秀吉 / 194

明代的军兵 / 198

福唐桂三王的灭亡 / 264

削平三藩与对外用兵 / 269

卫拉特的盛强和清朝征服蒙古 / 283

明清兵制 / 286

第一章
先秦

巩固统治

盘庚迁都与殷[1]末的东南征伐

/ 翦 伯 赞 /

商代的社会经济,在矛盾关系中走向繁荣。这种繁荣,不仅把黄河南北引渡到文明世界,而且由于不断地战争与频繁地交换,它把包围于商族四周的诸氏族,尤其是西北的周族,引渡到文明时代的边缘。可是从矛盾中发展出来的繁荣,在它的背面,也就是矛盾的发展。因而到盘庚时代,殷代社会经济中所内含的矛盾,便从奴隶所有者自己的营阵中爆发出来了。

据史载,盘庚时代曾经发生过一次反对迁都政潮。本来迁都在殷代是很平常的事情,史称自汤至盘庚凡五迁,均有水灾,所以从没有人反对。但据《盘庚》所述,这次迁都,并非因为水灾,而盘

---

[1] 即"商"。商王盘庚从奄(今山东曲阜)迁到殷,因而商也称"殷"。——编者注

庚又"曷震动万民以迁"呢？同时与盘庚"共政""在位"之人，又何以要鼓动民众反对迁都呢？坚持要迁都的是贵族，反对迁都的也是贵族，何以同一贵族集团而对迁都的主张不一致呢？这绝不是他们闹意气，而一定有其政治的内容。据吕振羽氏的看法，这次反迁都的政潮，是因为国王要把残存于贵族手中之氏族共有地转化为国家所有，因而引起这一部分保有氏族共有土地的贵族之反对。但我不同意吕氏的这种解释，我以为如果殷代的政府只是为了要把残存一部分贵族手中的土地收归国有，它并没有震动万民以迁的必要，它只需用国家的权力改变土地所有的属性便够了。而且当时的氏族共有地之所有者，只是少数的贵族，而这少数的贵族，并不一定住在土地所在的区域。至于当时受命迁徙之万民，则并非个个都是氏族共有土地之所有者。因之，即使有迁徙的必要，亦只应迁徙少数的贵族，而不应震动万民以迁。既震动万民以迁，则问题的核心当然不在少数贵族，而同时亦与万民有关。换言之，即不是因为氏族土地之国有化的问题。况且氏族共有土地之国有化的实践，绝不能因为这种土地所有者之离开土地而获得解决。果必如此，而后始能实现土地之国有化，则在殷代土地国有化的过程中，所发生之移民运动当不可想象。但是这在事实上，不但是不必要，而且是不可能的。因此，我以为吕氏之说，未免有些牵强。

根据《盘庚》三篇的暗示，盘庚时，迁都之主要的目的，是在把大量的农村人口徙向都市，使他们在都市中"安乃居""宅乃家"，而"用永地于新邑"。为什么要把农村的人口大量地徙向都市呢？盘庚只是说了几句冠冕堂皇的话，他说："尔谓朕曷震动万民以迁，肆上帝将复我高祖之德，乱越我家。朕及笃敬，恭承民命，用永地于新邑。"用近代语译之，盘庚说明他迁都的理由，就是仰承天命，俯顺民情。在这里，天命固然是鬼话，不过民情却真是民情，但是并不是全民之情，而只是一部分人民之情，如果是全民之情，那就不致有反对了。这一部分人是什么人呢？照我的看法，正是当时蓬勃兴起之工商业贵族。这些工商业贵族，因为当时工商业的发展，在手工业作坊及交通运输中，都感到劳动力之相对的缺乏，为了补充劳动力之不足，于是通过国家的命令，企图将从事于农业生产的奴隶转移一部分到都市来。而这对于原来的土地贵族，所谓"旧有位人"，当然是一件不利的事。于是这些土地贵族就鼓动自由民起来反对，所谓"汝不和吉，言于百姓""而胥动以浮言，恐沉于众"，正是暗示土地贵族鼓动自由民起来反对的内容。当时的自由民对政府本不满意，经过土地贵族的鼓动，也乐得借题发挥，于是形成了一个轰轰烈烈的反迁都的群众运动。愤怒的群众，以"若火之燎于原，不可向迩"之势，走向王宫之前，向国王请愿。事情闹大了，国王不能不出来"话民之弗率"。大概说，本来与你们不相干，你们都是"自作弗靖"，这一定是有人"倚乃身，迂乃心"，胥动你们以浮言。你们现在应该解散，"勿亵在王庭"。我也"罔罪尔众"，你们也不许再闹了。请愿的群众是解散了，但问题并没有解决，结果，在"亦惟图任旧人共政"的条件之下，工商业贵族与土地贵族才取得协调。所谓"亦惟图任旧人共政"者，即承认旧有土地贵族也有参加工商业剥削的权利。因此他们即使因奴隶之移入都市而影响到农业生产上的收益，但这种损失，却可以从工商业中得到补偿。换言之，他们并没有失去奴隶，而只是把奴隶当作一种活的资本，加入工商业生产而已。不过从此以后，工商业贵族便一跃而为殷代奴隶所有者国家之命令者。

自从工商业贵族掌握了国家权力以后，他们的侵略性较之土地贵族更为强烈。为了开辟新的市场和掠夺更广大的世界，于是更大规模的战争便不断地展开了。据甲骨文所载，当时战争的规模之大，有一次杀人至二千六百五十六人者。[1]杀敌之数至三千左右，则所用之兵，至少亦必倍于此数。其战争之长，则有延至三年者，如"高宗伐鬼方，三年克之。"[2]在战争中，当然可以由掠夺与贡纳而变成更大的豪富；另外，战争的直接作用，又促成了自由民之急剧的零落，因而扩大了流浪者的队伍，从而增加了奴隶大众之更重的负担。同时，被征服的异族则遭受着更残酷的剥削。这样，殷代奴隶社会内部的矛盾便尖锐化了。一方面，是奴隶大众和零落的自由民之革命情绪的高涨；另一方面，是被征服的异族之蜂起叛变，尤其西北诸属领以周族为领导，不久便形成了一个反抗殷代奴隶国家统治的武装集团。

---

[1] 《后》下，四三九。

[2] 《易·既济》九三。

与西北诸属领的叛变平行发展的奴隶之造反，在殷代我想是不免的。不过即使有之，也必然在殷代奴隶所有者的残酷屠杀之下被镇压了。可是殷代的奴隶所有者，他们有力镇压奴隶的造反，却无力镇压西北诸属领的叛变。但是殷人的奴隶，大部分皆来自西北诸属领，自从这些属领叛变以后，殷人便失掉了一个获得奴隶的主要来源，因而各种生产部门都感到劳动力的缺乏。这样，殷的奴隶制经济便开始了崩溃的过程。

到帝乙和帝辛的时代，殷代的奴隶所有者，为了获得劳动力的补充，以挽救日趋崩溃之奴隶制经济的危机，曾展开征伐东南之大规模的战争，并且这个战争，似乎延长得很久。郭沫若氏曾根据甲骨文的记载，对于"殷末的东南经略"有所考证。据云："卜辞里面有很多征尸方和盂方的纪录，所经历的地方有齐有雇（即《商颂》'韦顾既伐'之顾，今山东范县东南五十里有顾城），是在山东方面；有灊（今安徽霍山县东北三十里鷟城）有攸（鸣条之"条"省文），是在淮河流域。"[1]这样看来，当时征伐东南的战争，是由山东打到淮河流域。据郭氏的意见，以为东南征伐的对象是东夷，文献上也是如此说。[2]但我以为殷族自己就是东夷之一分支，东夷既是殷之同族，或不会叛变殷族，因而也就不致发生战争。同时殷族也不会到与自己同一种族的氏族中去捕捉奴隶。因

---

[1] 参看郭沫若氏《驳说儒》一文中"殷末的东南经略"一节。（载《羽书集》三八七—三九二页）

[2] 《左传·昭公十一年》云："纣克东夷而陨其身。"

此,以我的推测,殷末东南征伐的对象恐怕是夏族的残余,因为雇与灢(疑即有鬲氏之遗)都是夏族。也可能是"南太平洋系"人种,因为传说中谓"纣为黎之蒐……而殒其身",又谓"蚩尤为九黎之君",是则黎之族乃属于南太平洋人种之一分支。当殷之末叶,国势衰微,夏族的余裔可能发生叛变,"南太平洋系"人种也可能沿东南海岸北向淮河流域,故我以为殷末东南征伐的对象可能是"夏族"或"南太平洋系"人种。

征伐东南的战争,本来是为了劳动力的缺乏,希图从战争中捕获一些俘虏,把他们转化为奴隶。但是为了进行战争,首先就要动员大批的自由民和奴隶走上东南的战场,而这就必然要使仅有的奴隶从生产领域中脱退出来,从事于战斗。战争既然延长如此之久,即使顺利进行,也不能没有伤亡。同时,即使有新捕获的俘虏,但因他们都是来自比较落后的种族,缺乏高于他们的劳动生产之经验,所以不能即刻把他们转化为劳动力,而使用于生产。因此,征伐东南的战争,不但不能解除殷代社会经济的危机,反而助长了危机之发展。一方面,手工业生产更陷于停顿的状态;另一方面,不但西北的商路不通,东南的商路也被战争遮断了。在这样的情形之下,大批的工商业资本只有重新回到土地的经营。可是这一个回转,并不是殷代初年的农业之复归,而是在更高的手工业生产的水准之上进行的。因之,它并不是经济的倒退,而是经济的发展。

这一历史的转向,可以说是殷代社会经济之质的变革的起点,即由奴隶制经济转向封建制经济的过程之开始。因为这一转向，于是在黄河南北便出现了不少大规模的庄园，使农业走向更高阶段的发展，而这就为后来西周封建庄园经济奠定了基础。

所谓庄园制度，就是所谓井田。这种农业经营的组织，是由过去之村落公社蜕化而来的。殷代末期的农村，是否有这样的组织之存在，甲骨文中没有显明的记载，只有一个井字。而井字的命意，是否由井田制度而来，也还是问题。但传说中曾有"殷人七十而助"[1]一语，历史的学者，皆谓七十而助者，实即后来井田制之起源。朱子《集注》云："商人始为井田之制，以六百三十亩之地，画为九区，区七十亩。中为公田，其外八家各授一区，但借其力以助耕公田，而不复税其私田。"此虽臆测之说，不足为凭，但按之事实，殷代末叶，庄园经济实有发生之可能。因为如前所述，殷末奴隶已感不足，大规模的奴隶制的农业经营进行甚为困难，土地贵族不能不把大块的土地划分为许多较小的区域，把奴隶有计划地编制于这些区域之内，责令他们完成一定量的土地耕种。这在当时奴隶贵族之主观的动念上，是企图借此而加重对奴隶的剥削，但在客观上，奴隶却因此而得到部分之解放，而出现为后来农奴的前辈。

庄园制的农业经营，提高了土地的生产报酬，利之所在，人必趋之，因而又引起了土地贵族对土地之更剧烈的争夺。在土地的争

---

[1] 《孟子》。

夺中,残存于农村中的自由民,便像疾风扫落叶一样,最终被清算了。随着因四周属领叛变而引致的中央政权之衰落,这些土地贵族便渐渐保持着相对独立的性质,俨然有些后来封建诸侯的神气。这样看来,殷末的社会经济,已经自发地开始了它的变革过程了,因之即使没有周族的侵入,它一定也能从其社会经济自身的矛盾之发展中,完成由奴隶制经济到封建制经济之转化。

"武王伐纣""前徒倒戈"与殷代奴隶制国家的灭亡

/ 翦伯赞 /

走向没落的殷代奴隶所有者的政权，到帝辛的末年，便达到最终崩溃的时候了。在当时，一方面，征伐东南的战争仍然继续在进行，朝歌的城市到处都是威风凛凛的将军和束装待发的士兵，粮食的征发和武器的供应成了当时人民之苦重的负担；另一方面，大批失掉了土地的自由民，像潮水一般成群地涌进了朝歌的城市，因而街头巷尾到处都是流浪者之群。他们似乎已经得不到国家的恩赐，而以盗窃为生，所以《微子》有云："殷罔不小大，好草窃奸宄。"他们"攘窃神祇之牺牷牲，用以容，将食无灾"。《泰誓》亦云："牺牲粢盛，既于凶盗。"同时，当时的奴隶恐怕也经常发生暴动，《微子》所谓"小民方兴，相为敌仇"者，或即暗示这一历史内容。总之，当时的社会，已经是"如蜩如螗，如沸如羹"，临到了暴风雨的前夕。除大奴隶所有者，一切社会阶层无不企图颠覆奴隶制经济，找出一条新的出路。

正当这个时候，在奴隶所有者集团中，不仅有地方与中央的对立，而且还发生世俗贵族与僧侣贵族之间的斗争。一方面，僧侣贵族要继续保有其神权高于一切的优势；另一方面，王权却在战争中被提高了，世俗贵族要把僧侣放在自己的支配之下。而且在殷末似乎把卜筮之权都收归王有，这从殷末甲骨文中"王贞"者渐多于"（僧侣）卜贞"的事实可以证明。同时，《史记》谓武乙曾有"射天"之事，而《泰誓》中宣布纣的罪状，其中也有说他"郊社不修，宗庙不享"之语，由此而知商代的神权自武乙时代起即开始低落，到帝辛时，则王权高于一切了。当时的僧侣贵族恐怕已经遭受了很大的抑压，《微子》中所谓"咈其耇长，旧有位人"，《泰誓》中所谓"播弃犁老""囚奴正士"。以上所谓"耇长""旧有位人"，所谓"犁老""正士"，恐怕都是僧侣贵族，如上所述，他们都被播弃囚奴了。这样看来，奴隶所有者集团内部也陷于矛盾的交织之中。

同时，当时的贵族，已经达到了透顶的腐化。他们眼看危机迫切，然而仍群聚在倾宫瑶台，作"靡明靡晦，式号式呼"之痛饮狂醉。当此之时，"车行酒"而"骑行炙"，男女奴隶，裸体相逐，为"北里之舞，靡靡之乐"。正当此时，西北诸氏族，如庸、蜀、羌、髳、微、卢、彭、濮人，在周族的领导之下，组织了一个庞大的殖民地革命的联军，开始对殷朝做积极的军事进攻。这个革命的联军，在周武王的统率之下，出了潼关，渡过孟津，浩浩荡荡杀向朝歌而来。当这种紧急警报传到殷王的宫廷时，殷代的奴隶贵族才停了歌舞，散了酒席，开始讨论应敌的方策。当时殷代的主力军，都远在东南战场，一时征调不来，于是一致决议，把流落在街头巷尾的大批自由民和奴隶，乃至新由淮河流域捕来的俘虏，都一齐武装起来，开赴前敌，这就是所谓"（纣）有亿兆夷人"的内容。

当殷代奴隶贵族调集和组织军队的时候，西北诸氏族的联军，已经进到朝歌附近的牧野。他们打起"吊民伐罪"的旗帜，号召奴隶的响应。战争在牧野展开了，但是殷代的奴隶大众和零落的自由民，他们痛恨殷代的奴隶所有者的政权已经不是一天，一旦武器在手，而又有强大的外援，他们就会毫不犹豫地倒转戈矛，杀掉了殷代政府所派遣的军官，与西北诸氏族的革命联军合流了。这就是所谓"前徒倒戈，攻于后以北，血流漂杵"的历史内容。

现在，殷代的奴隶大众打开了朝歌的大门，他们和西北的革命联军在胜利的呼号中冲进了朝歌。现在，奴隶大众怒吼了，绵羊变成了狮子，牛马变成了人，他们粉碎了他们的锁链，捣毁了他们的土牢，打开了巨桥的谷仓，散发了鹿台的宝藏，并且在神的面前，公然地侮辱了他们的主人。

宫殿里燃起了熊熊的烈火，殷代最后的一位奴隶国王，就是那位"长巨姣美""筋力越劲"[1]的帝辛,就用对自己的焚烧,作为这个奴隶所有者国家最后灭亡之祭奠。

火在焚烧,人马在奔腾,明天的世界,又是历史的新页了。

---

[1] 《荀子》。

周公东征

/ 陈恭禄 /

武王一战胜商，而商为东方大国，人民犹众，追念其先王之德，不欲臣服于周，纣子武庚治之，《史记》称，武王使二弟相殷，即后世所称监也。周在东方，尚未巩固其地位，而武王忽患疾病，周人为之不安。其弟周公旦祷神，乞以身代，终不能救其死。其子成王年幼，周公践天子位，朝诸侯。盖当多难之时，非如此不足以应付事变而安定人心也。东方果有叛乱，《周书·金縢》称，监传布流言，而《大诰》所记之事实，则与之异。商人居于主动地位，谋欲利用事机，恢复其旧有之优越势力，则无可疑。周人颇为惊惶，可于《大诰》见得一二。《大诰》系王诰友邦君及臣下之辞，数言殷为乱，则商人当为祸乱之主体。殷人轻视周邦，若不征伐将为大祸，乃洞悉利害之言。王反复言天佐周，卜无不吉，并欲诸侯臣工出卒助战，以此乱为大艰、大戾，而以全力作战也。周公出兵东征；战士历三寒暑始得西归。其作战方略、主要战役及并灭之国，多不可知。无论如何，其战败殷人，杀其领袖，灭其与国，则为确定之事实。于是周在东方之政治地位巩固，并以新得之地分其功臣子弟。克殷与东征为古代大事，而距今若干年，竟不可确知。

武备之进步

/ 陈 恭 禄 /

七国战争唯求杀敌致果,损失之重,屠杀之惨,为前古所未有。墨子称,大国伐无罪之国,曰:"入其国家边境,芟刈其禾稼,斩其树木,堕其城郭,以湮其沟池,攘杀其牲牷,燔溃其祖庙,劲杀其万民,覆其老弱,迁其重器,卒进而柱(当作极)乎闘,曰:死命为上,多杀次之,身伤者为下。"孟子言杀人盈城盈野,同于墨子所言之屠城。兵器应时需要,颇有进步。初,远古以石骨制造兵器,商周以铜为之。战国初叶,铁之用始广,以铁制造兵器,锐利过于铜兵器。胄甲亦有所改善。攻城有新造之云梯。兵器既有进步,非经历长期训练之士卒,不善用之,专门化之士卒,应时而起。魏之武卒则其一例。荀子言其"以度取之,衣三属之甲,操十二石之弩,负服矢五十个,置戈其上,冠轴(胄)带剑,赢三日之粮,日中而趋百里,中试则复其户,利其田宅"。据此,武卒力强技精，善于作战，政府予以权利，成一阶级。

防守之术亦有进步。守者以城为主要之防御工程，城以户口之增加及工商业之进步而益发达。孟子言"三里之城，七里之郭"，盖指普通城郭而言。国都、郡治、大县，当视之为大。城有门出入，便于稽查与防守也。城外掘有河沟，时人称之曰池，亦有利用天然河渠者，使敌人不易攻城也。城中储有粮食，敌兵至，则城闭门，兵卒登城拒守，城中男子须出助战。攻者死亡较多，乃常不择手段，或引水灌城，或穴土而入，或缚柱施火。公输般制造云梯，为攻城之新武器。守围之器亦多，故攻城非有重大之代价，常不能陷。乃为报仇雪恨之计，多所屠杀。时君防御外患，常于边区筑造长城以限戎马之侵入。七国相攻，长城不足为强有力之防御物，以其长而防守不易也。堡垒颇能阻止敌兵之深入。二军战于广大之平原，死伤众多，而史所记之数字则令人难以置信。张仪称，魏卒约三十万；韩卒悉起，不过三十万。而白起九伐韩魏，史记言其三次斩杀之数：（一）伊阙之战，斩首二十四万；（二）攻魏华阳，斩首十三万；（三）攻韩陉城，斩首五万。三战斩杀四十二万，超过二国军队之半。其他六役及别将所杀之数，尚未计入，而数字竟若此之巨大，当为策士浮夸之辞。要之，战争虽极残酷，而死亡者数不及策士所言之甚也。

第二章

秦汉

版图初定

秦朝的事功

/ 范　文　澜 /

短短十五年的秦朝，把全国人力财力榨取尽了。无数血汗生命，造成下列许多事功。

伐胡越——胡（匈奴）是西北方强族。嬴政信方士"胡灭秦"的妖言，令将军蒙恬领兵三十万击匈奴，驱走胡人，取河南地（宁夏、绥远[1]等地），开辟四十四县，徙内地罪人去居住。嬴政又发兵击南越，开桂林、南海、象三郡（广西、广东、安南等地）。徙民五十万人守五岭（大庾、骑田、都庞、萌渚、越城），与越人杂居。政治、文化、商业传入南方，岭南开始成为中国的领土。

筑长城——战国时代，秦、赵、燕边界接近外族，各筑长城一

---

[1] 旧省名，在中国北部。1914年置绥远特别区，1928年改设省，1954年撤销。——编者注

段，防御侵略，彼此不相连接。内地国家如齐、韩、楚、魏也筑长城，完全用作内战，分裂疆土，阻碍交通。秦统一后，国内长城以及旧时城郭要塞，一并拆毁。令蒙恬因地形筑新长城，起临洮（甘肃岷县）到辽东，长万余里。从秦朝到明朝，长城起了防止北方游牧民族侵入中原的作用，所以历代增修，北齐高洋发民一百八十万人，隋杨广发民一百余万人筑长城，规模比秦更大。世界古代著名大工程，长城算是其中之一。

兴水利——战国时代各国筑堤防，阻塞水道。嬴政开通堤防，凿鸿沟（河南开封县汴河）作水路中心，通济、汝、淮、泗等水。在楚、吴、齐、蜀等地，也大兴水工。可以行船灌田，对商业、农业有很好的影响。

治驰道——全国修筑驰道（行车大路），宽五十步，高出地面，用铁椎筑土坚实。路中央宽三丈，是皇帝走的路，种松树标明路线，禁止人民行走。嬴政每年出外巡游，中国本部几乎无处不到，想见当时驰道工程的巨大。后世驿路，起源于此。

求神仙——嬴政唯一的欲望是长生不死，他召集很多方士，浪费财物（如刻石鲸，长二百丈），寻求奇药。方士欺诈，劝他隐藏，不让臣下知道住处。他多造宫室，建筑长城，都是受方士的暗示。齐人徐市（《后汉书·东夷传》作徐福）说东海中有三座神山，仙人及不死药都在神山上。嬴政令徐市带童男女几千人入海求神仙。相传徐市留居海岛（岛名澶州）不回来，其实徐市在嬴政临死前一两个月还骗他射海中大鱼，留居海岛的传说不可信。方士入海求仙，不止徐巿一人，当时航海技术大概有些进步（春秋末，浙江到山东已通海路）。

造宫室——嬴政初并六国，图画各国宫室，照样建筑，有宫室一百四十五处，藏美女一万人以上。他还觉得太小，在长安县西北筑阿房宫前殿，东西五百步，南北五十丈，上可以坐万人，下可以立五丈旗。发罪人七十余万，分工营造，北山的石料、楚蜀的木材，都运输到关中。计关中共有宫室三百所，关外四百余所。工程没有完毕，嬴政死了，胡亥继续兴修。后来项羽入关，烧秦宫室，火三月不息。

造坟墓——嬴政初即位，就在骊山造自己的坟墓。并六国后，更征集七十万人工作。坟高五十多丈，周围五里余，掘地极深，灌入铜液。墓中有宫殿及百官朝位，珠玉珍宝，不能计数。用水银造江河大海，机器转动，水银流注。又用人鱼膏（据说是一种四脚鱼，生东海中）做烛，在墓中燃烧。没有生子的宫女，全数殉葬。令工匠特制弓弩，有人穿坟，弓弩自动放射。嬴政已经下葬，封闭墓门，工匠都活埋在里面。

兴水利、修驰道、拆毁国内长城、筑万里长城、伐胡越，都含有完成统一、推进生产的意义，但是当时人民还没有很多的积蓄，耗费这样大的人力物力，人民无法负担。再加以求神仙、造宫室、修坟墓，加重对人民的压榨，全国人民被暴政迫胁作皇帝一人的牺牲，只有起义反抗，才能保存自己的生命。

抑制匈奴

/ 吕 思 勉 /

秦汉时代，是中国国力扩张的时代。这是为什么？（一）战国以前是分裂的，秦汉时代变作统一的大国。（二）去战国时代未远，人民尚武之风还在。（三）从汉初到武帝，经过七十年的休养生息，国力也极充足。

从秦到清盛时，两千多年，中国"固定的领土"和"对外扩张的方向"无甚变更。这个规模，是秦始皇开其端，汉武帝收其功，所以说雄才大略的，一定要数秦皇汉武。咱们现在要讲汉朝的武功，因为匈奴是汉朝一个大敌，就从它讲起。当时的匈奴，都是些"分散溪谷"的小部落，只有河套里的一个部落，稍为绝大，这个部落便是秦汉时候的匈奴。当秦始皇时候，匈奴的单于唤作头曼。秦始皇叫蒙恬去斥逐他，头曼不能抵抗，只得弃河套北徙。到秦朝灭亡，戍边的人都跑掉了，匈奴复渡河而南，仍旧占据了河套。这时候，匈奴国里又出了个冒顿单于，东击破东胡，西走月氏，南并白羊、楼烦二王，又北服丁令等小国（这个丁令，在贝加尔湖附近。贝加尔湖，当时唤作北海），就并有如今的内外蒙古[1]和西伯利亚的南部了。〔老上（冒顿的儿子，前174年立）单于时，又征服西域。〕

它这时候，便把从前"分散溪谷"的小部落都并而为一。匈奴的统一事业到此时才算完成。所以《史记》上说："自淳维以至头曼，（《史记》：'匈奴，其先祖夏后氏之苗裔也，曰淳维。'《索隐》引乐彦《括地谱》：'夏桀无道，汤放之鸣条，三年而死。其子獯粥，妻桀之众妾，避居北野，随畜移徙，中国谓之匈奴。'这种话，靠得住与否，可以暂时不必管它。）千有余岁，时大时小，别散分离，尚矣……然至冒顿而匈奴最强大，尽服从北夷，而南与中国为敌国……"

然而它的人数毕竟不多。《史记》上先说"控弦之士三十余万"，又说"自如左右贤王以下至当户，大者万骑，小者数千，凡二十四长，立号曰'万骑'"。则匈奴控弦之士，实在还不足二十四万。既然"士力能弯弓，尽为甲骑"，那么，控弦之士之数，一定等于全国壮丁之数。老弱的数目，算它加两倍，妇女的数目，算它和男子相等，也还不过百五十万。〔（控弦之士）×2=

---

[1] 外蒙古：地区名。指蒙古高原北部，以别于高原南部的内蒙古。原为中国领土的一部分，1921年宣布独立。——编者注

老弱男子之数；控弦之士+老弱=男子之数；（男子之数）×2=匈奴全人数。］所以贾生说"匈奴之众，不过汉一大县"。它所以强盛，全由于：（一）游牧部落性质勇悍；（二）处塞北瘠薄之地，当然要向南方丰富之地发展。这是中国历史上北狄之患公共的原因。

这时候，它所占据的地方，是"诸左方王将居东方，直上谷（如今直隶[1]的蔚县）以往者，东接秽貉、朝鲜。右方王将居西方，直上郡（如今陕西的肤施县[2]）以西，接月氏、氐、羌。而单于之庭，直代（如今山西的代县）、云中（如今山西的大同县）"。

匈奴和汉朝的兵衅，起于前200年。（以前只算得盗边，这一次才是正式的交战。）韩王信既降匈奴，就引导它入寇，高祖自将击之，被围于平城（在如今大同县），七月乃解。于是用刘敬的计策：（一）奉宗室女翁主为单于阏氏；（二）岁奉匈奴絮、缯、酒、食物各有数；（三）约为兄弟，以和亲。（刘敬是个战国的策士，战国以前，本国人本和戎狄杂居的，用这种"婚姻""赂遗"的政策，以求一时之安或为欲取姑与之计的，是很多。刘敬还是这种旧眼光。然而这时候的匈奴，已经变作大国，不是前此杂居内地的小部落，暂时敷衍，将来就可以不战而屈的。所以他这种政

---

[1] 旧省名。1928年改省名为河北。——编者注
[2] 旧县名。1937年改为延安市。——编者注

策毕竟无效。）从此以后，经过老上和军臣（老上的儿子，前161年立）二世，都和汉时战时和，到伊稚斜（军臣的兄弟，前126年立）手里，形势就变了。

武帝和匈奴启衅，事在前133年，用大行令王恢的计策，叫马邑人聂壹，佯为卖马邑城诱匈奴单于入塞，伏兵三十余万于其旁，要想捉住他。单于还没入塞，计策倒泄漏了。从此以后两国就开了兵衅，其中最有关系的有三次：（一）前127年，卫青取河南地，开朔方郡，恢复秦始皇时的旧界。（二）前119年，因为伊稚斜单于用汉降人赵信的计策，益北绝漠，要想诱汉兵到那里，趁它疲极而取之。汉朝便发了十万骑，这是官发的，又有私员从马，凡十四万匹，运粮重的还在外。叫大将军卫青、骠骑将军霍去病，各分一半去打他。卫青出定襄（如今的和林格尔县），打败了单于的兵，追到寘颜山赵信城（赵信所造的）；霍去病出代（如今山西的代县）二千余里，封狼居胥山，禅于姑衍，临瀚海而还。（寘颜山、赵信城、狼居胥山、姑衍、瀚海，都应该在漠北，不能确指其处。）从此匈奴远遁，漠南无王庭。（三）前121年，匈奴西边的浑邪王杀休屠王降汉，汉朝就开了河西四郡（酒泉，如今甘肃的高台县；武威，如今甘肃的武威市；敦煌，如今甘肃的敦煌市；张掖，如今甘肃的张掖市）。从此以后，汉朝同西域交通的路开，匈奴却断了右臂了。这都是武帝时候的事情。

伊稚斜之后，又六传而至壶衍鞮单于（伊稚斜子乌维单于，前114年立，前107年卒。子詹师卢立，年少，号为儿单于，前102年卒。季父句黎湖单于立,前101年卒。弟且鞮侯单于立,前101年卒。子狐鹿姑单于立,前85年卒。子壶衍鞮单于立),出兵攻乌孙。这时候乌孙已尚了中国的公主。前73年(宣帝本始元年),中国发五将军,又叫校尉常惠,护乌孙兵去攻匈奴,匈奴闻汉兵出,驱其畜产远遁,所以五将军无所得。常惠的兵从西方入,却斩首三万九千余级,获马、牛、羊、驴、骡、橐驼七十余万头。(这个自然是个虚数,然而为数必也不少。)匈奴怨恨乌孙,这一年冬天,单于自将去攻它,归途又遇见大雪,士卒冻死了十分之九。于是丁令乘弱攻其北,乌桓入其东,乌孙击其西,杀伤不少。加以饿死,人民去掉十分之三,畜产去掉十分之五,匈奴竟变作一个弱国了。然而还没肯服中国。直到前60年,虚闾权渠单于死(壶衍鞮单于的兄弟,前68年立),握衍朐鞮单于立,国中又起了内乱。五单于争立,后来都并于呼韩邪单于。而呼韩邪的兄呼屠吾斯,又自立作郅支骨都侯单于,杀败了呼韩邪。于是汉宣帝甘露二年(前52年),呼韩邪款五原塞(如今绥远道的五原县)。明年,就入朝于汉。郅支单于见汉朝帮助呼韩邪,料想敌他不过,恰好这时候,康居给乌孙所攻,来迎接他去并力抵敌乌孙。郅支大喜,便住到康居国里去。元帝建昭三年(前36年),西域都护甘延寿、副都护陈汤矫诏发诸国兵,把他攻杀了,传首京师。前汉时代的匈奴,到这时候便算给中国征服。

平定西域

/ 吕思勉 /

汉时所谓"西域",其意义有广狭两种。初时所谓"西域",是专指如今的天山南路;所谓"南北有大山,中央有河",南山,是如今新疆和青海、西藏的界山;北山,是如今的天山山脉;河,就是塔里木河。这是狭义。但是后来交通的范围广了,也没有更加分别,把从此以西北的地方,也一概称为"西域"。这"西域"二字,便变成广义了。

狭义的西域,有小国三十六,后稍分至五十余。其种有"塞",有"氐""羌"。氐、羌是"行国",塞种是"居国"。诸国大概户数不过数百,口数不过千余或数千(最大的龟兹,户数六九七〇,口数八一三一七,胜兵数二一七六;最小的乌贪訾离,户数四一,口数二三一,胜兵数五七),不过是一个小部落,实在不足称为国家。其中较大而传国较久的,只有焉耆(如今新疆的焉耆回族自治县)、龟兹(如今新疆的库车市)、疏勒(如今新疆的疏勒县)、莎车(如今新疆的莎车县)、于阗(如今新疆的于田县)五国。汉时当交通孔道的,有车师(北道,如今新疆的吐鲁番市)、楼兰(南道,如今已沦为白龙堆沙)二国,余均无足齿数。从此以西北,却有几个大国。

原来葱岭以西,是白种人的根据地。(现在欧亚两洲的界线,在地理上并不足为东西洋民族的界线;东西洋民族分布的界线,还要推葱岭、帕米尔一带大山。试观葱岭、帕米尔以西诸国,和欧洲的历史关系深,和中国的历史关系浅可知。)白种有名的古国,要推波斯。后来为马其顿所灭。亚历山大死后,部将塞琉古(Seleucus)据叙利亚(Syria)之地自立,是为条支。后来其东方又分裂而为帕提亚(Parthia)、巴克特里亚(Bactlia)两国,便是安息和大夏。大夏之东,也是希腊人所分布之地。西域人呼为Ionian,就是Yavanas的转音,这是大宛。大宛之北为康居,再西北就是奄蔡了。[奄蔡,就是元史上的阿速。安息是如今的波斯。大夏在阿母、西尔两河之间。大宛在其东,大约在如今的吹河流域。其北就是康居,康居的地理,《元史译文证补》把它考得很清楚。原文甚长,不能备录,可以翻出一参考。奄蔡,也见《元史译文证补》。据近世史家所考究,葡萄、苜蓿,亦系希腊语Botrus、Medike的译音(参看近人《饮冰室合集·张博望班定远合传》)。这一节又须参考西史。]这都是阿利安族。《汉书》上总叙它道:"自宛以西至安息国,虽颇异言,然大同,自相晓知也。其人皆深目，多须髯。善贾市，争分铢。贵女子，女子所言，丈夫乃决正。"又颜师古说：乌孙"青眼赤须，状类猕猴"。据近代人所研究，这种形状很像德意志人（《元史译文证补》卷二十七）。这些国的种族属于阿利安大约可无疑义了。

此外又有所谓"塞种"，大约是白种中的"塞米的族（Semites）"。其居地，本来在如今的伊犁河流域，后来为大月氏所破，才分散。《汉书》上说："昔匈奴破大月氏，大月氏西君大夏，而塞王南君罽宾（如今的克什米尔），塞种分散，往往为数国。自疏勒以西北，休循、捐毒之属，皆故塞种也。"此外又有乌弋山离，"其草木、畜产、五谷、果菜、食饮、宫室、市列、钱货、兵器、金珠之属皆与罽宾同"。难兜国，亦"种五谷，葡萄诸果"，与诸国同属罽宾，大约亦系塞种。（《汉书》上明指为氐、羌的，是"蒲犁及依耐、无雷国皆西夜类也。西夜与胡异，其种类羌氐行国，随畜逐水草往来"，此外更无明指为氐、羌的。只有婼羌、鄯善，亦系行国；温宿则"土地物类所有，与鄯善诸国同"。可以推定其为氐、羌。据《后汉书》，则西夜子合，各自有王。又有德若，"俗与子合同"，又载车师、蒲类、移支、且弥，亦均系行国。移支"其人勇猛敢战，以寇抄为事。皆被发。"尤酷与羌类，此外都不明著其种族。西域诸国前后《汉书》载其道里方位很详，如今的新疆，设县不多，若把县名来注，反觉粗略，若把小地名来注，太觉麻烦，反不如检阅原书清楚而正确了。所以除几个大国，不再详注今地。若要精密研究，看徐松的《汉书西域传补注》

最好。)

汉初，中国西北的境界限于黄河。渡河而西，祁连山脉之北是大月氏（后来河西四郡之地）。从大月氏再向西，便是西域三十六国了。大月氏本来是个强国，冒顿和老上单于时，两次为匈奴所破，逃到伊犁河流域，夺了塞种的地方（塞种于此时南君罽宾）。乌孙本来和大月氏杂居的，尝为大月氏所破，到这时候，便借兵于匈奴，再攻破大月氏。于是大月氏西南走，夺了大夏的地方。乌孙便住在伊犁河流域。汉武帝听得大月氏是个大国，想和它夹攻匈奴，募人往使，张骞以郎应募前往，路经匈奴，给匈奴人留住一年多。张骞逃到大宛。大宛派个翻译，送他到康居，康居再送他到大月氏。这时候，大月氏得了"沃土"，殊无"报胡之心"。张骞留了一年多，不得要领而归。恰好这时候匈奴的浑邪王杀掉休屠王降汉，汉朝得了河西的地方。张骞建言，招乌孙来住。汉武帝就派他到乌孙，乌孙不肯来，而张骞的副使，到旁国去的，颇带了他的人回来。汉武帝由是锐意要通西域，一年之中，要差十几回使者出去。

使者走过各国，各国是要搬粮挑水供给他的。加之当时出使的人未必个个都是君子，颇有些无赖之徒想借此发些财的。（因为所带金帛甚多。这种金帛，回来时候，未必有正确的报销。要是无赖一点，沿路还可以索诈，或者还可以带着做点买卖。）其行径，颇不敢保它正当。因此当道诸国，颇以为苦。于是楼兰、车师先叛。前108年，汉武帝发兵打破了这两国。后来又有人说大宛国里有一种"天马",汉武帝差人带了"金马"去换它。大宛王不肯,和汉使冲突,把汉使杀掉。武帝大怒,派李广利去打大宛。第一次因为路远,粮运不继,不利。武帝再添了兵去,前101年,到底把大宛打破。大宛离汉甚远,给汉朝打破之后,西域诸国见了汉朝就有些惧怕。加之乌孙也是一个大国,它起初和中国颇为落落寡合,后来因为时常同中国往来,匈奴人要想攻它,乌孙人急了,就尚了中国的公主。从此以后,乌孙和中国往来极为亲密。这都是汉朝的声威所以远播的原因。至于三十六国,当老上单于攻破月氏之后,就臣服匈奴。"匈奴西边日逐王,置僮仆都尉,使领西域,常居焉耆、危须、尉犁间,赋税诸国,取富给焉。"从浑邪王降汉之后,而汉通西域之路始开。攻破大宛之后,则"敦煌西至盐泽(如今的罗布泊),往往起亭。而轮台(如今新疆的轮台县)、渠犁(轮台东)皆有田卒数百人,置使者校尉领护,以给使外国者"。然而当这时候,匈奴还时时要和中国争西域。前68年,郑吉攻破车师,屯田其地,保护了南道。前59年,匈奴内乱,日逐王降汉。于是匈奴所置的僮仆都尉消灭,而中国叫郑吉并护南北两道,谓之都护(治乌垒城,在如今库车市东南)。元帝时又设立戊己校尉,屯田车师。西域诸国,就全入中国的势力范围了。(南道,是如今从羌婼、且未经于田到莎车的路。北道,是从吐鲁番经焉耆、库车到疏勒的路。当时的争夺西域,只是争两条通路,而汉朝以屯田为保护路线的政策。)

灭亡朝鲜

/ 吕 思 勉 /

汉武帝时,貉族在如今奉天[1]、吉林两省之间,大约从东辽河的上游起,北据松花江流域(当时辽东郡的塞外),汉人称之为涉(亦作秽),役属"卫氏朝鲜"。

朝鲜是亚洲一个文明的古国。它的始祖,就是中国的箕子,这是人人知道的。但是箕子的立国,究竟在什么地方呢?这个却是疑问。朝鲜的古史,当箕氏为卫满所灭时全然亡失。朝鲜人要讲古史,反得借资于中国。朝鲜人所自著的,只有新罗的僧人无极所作的《东事古记》。然而这部书不大可靠。据《东事古记》说,唐尧时代,有一个神人,唤作檀君,立国于如今的平壤,国号朝鲜。到商朝的中叶,传统才绝。这一段话,近来史家都不甚信它。箕子的

---

[1] 旧省名,1929年改名辽宁省。——编者注

立国，向来都说在平壤，近来也有人疑心，说箕子所走的朝鲜，实在如今的辽西，到后来才逐渐迁徙而入半岛部的，但也没有十分充足的证据。

朝鲜当战国时代，曾经和燕国交兵，给燕国打败了。这时候，辽东地方全为燕国所据。朝鲜和燕国以浿水为界（如今的大同江）。秦灭燕之后，又扩充到浿水以东。秦灭汉兴，仍以浿水为界。卢绾之乱，燕国有个人，唤作卫满，逃到朝鲜，请于朝鲜王准，愿居国的西境，替朝鲜守卫边塞，朝鲜王许了他（所住的，大约就是秦朝所占浿水以东的地方），后来卫满势力大了，就发兵去袭朝鲜，朝鲜王战败，逃到马韩部落里，卫满就做了朝鲜的王。

三韩在朝鲜半岛的南部。马韩在西，占如今忠清、全罗两道，马韩之东是弁韩，弁韩之东是辰韩，占如今的庆尚道。汉武帝时，想要到中国来朝贡。这时候，卫满已经传子及孙，名为右渠，阻碍三韩，不许它到中国来，又袭杀中国的辽东都尉。前109年，汉武帝发兵两道，把朝鲜灭掉，将其地分置乐浪（如今的黄海、平安两道）、临屯（汉江以北）、玄菟（咸镜南道）、真番（地跨鸭绿江）四郡，从此以后，朝鲜做中国的郡县好几百年。直到东晋时代，前燕慕容氏灭亡，中国在辽东的势力才全失坠。

秽貊的酋长南闾，前128年曾经率男女二十八万口内属，汉武帝替他置了个沧海郡，隔几年，又废掉了。朝鲜灭后，秽人有一支迁到半岛的东部去的，唤作东秽，又唤作不耐秽。留居故地的，就是后来的夫余。

后汉的武功
/ 吕 思 勉 /

光武既定天下，颇能轻徭薄赋，抚绥百姓，明帝、章帝两代，也颇能谨守他的成法，所以这三代，称为东汉的治世。然而东汉一代，内治上的政策，不过因袭前汉，无甚足述。只有明、章、和三代的戡定外夷，却是竟前汉时代未竟之功，而替后来五胡乱华伏下一个种子，其事颇有关系，现在述其大略如下。

匈奴从呼韩邪降汉之后，对于中国极为恭顺。后来休养生息，部落渐渐盛了，就埋下一个背叛骄恣的根源。再加以王莽时抚驭的政策失宜，于是乌珠留若鞮和呼都而尸两单于，就公然同中国对抗，北边大受其害。46年，呼都而尸单于死，子蒲奴立，连年旱蝗，赤地千里。乌桓乘隙攻破之，于是匈奴北徙数千里，漠南遂空。先是呼韩邪单于约自己的儿子，依次序立做单于，所以从呼都而尸以前六代，都是弟兄相及，呼都而尸要立自己的儿子，把兄弟知牙斯杀掉。乌珠留的儿子比，领南边八部，心不自安，48年，自立做呼韩邪单于，投降中国。于是匈奴分为南北。南匈奴的单于，入居西河美稷县（如今的鄂尔多斯左翼中旗），分派部下，驻扎边地，帮中国巡逻守御。中国人也待他甚厚。章帝末年，北匈奴益形衰弱，南匈奴要想并吞它。上书请兵，刚刚章帝死了，和帝即位，窦太后临朝，派自己的哥哥窦宪出兵，大破北匈奴于稽落山，勒石燕然山而还（大约在如今杭爱山一带）。过了两年（91年），窦宪又派左校尉耿夔出兵，大破北匈奴于金微山（金微山，大约在外蒙的极西北）。这一次出塞五千余里，为自前汉以来出兵所未曾到。从此以后，匈奴就远引而去，其偶然侵犯西域的，都只是它的分部。正支西入欧洲，就做了后世的匈牙利人。[匈奴龙庭，《史汉》《汉书》都没有明说，它的地方大约从汉开朔方郡以前，在阴山山脉里，所以侯应议罢边塞事，说："北边塞至辽东，外有阴山，东西千余里，草木茂盛，多禽兽，本冒顿单于依阻其中，治作弓矢，来出为寇，是其苑囿也。"（见《汉书·匈奴传》）儿单于以后，所住的地方离余吾水很近——天汉四年，且鞮侯单于悉远其累重于余吾水北，而自以精兵十万待水南。征和二年，右贤王驱其人民度余吾水六七百里。居兜衔山，壶衍鞮单于时，北桥余吾，令可渡，都见《汉书·匈奴列传》。余吾和仙娥，似乎是一音之转。那么，匈奴徙居漠北之后，是住在如今色楞格河域的，这种人从中国本部的北方逃到漠南，从漠南逃到漠北，再从漠北辗转迁入欧洲，种族的迁移，可谓匪夷所思了。]

王莽末年，不但匈奴背叛，西域也都解体。然而这时候，匈奴也无甚力量慑服西域。所以西域地方，就变作分裂的形势。北道诸国臣服匈奴，南道地方却出了一个莎车王贤。战胜攻取，降伏各国。光武帝既定天下，西域十八国遣子入侍。要求中国再派都护，光武帝恐劳费中国，不许，于是西域和中国断绝关系。明帝时，大将军窦固派假司马班超出使鄯善。鄯善王广，待超甚恭。数日之后，忽然怠慢。超知有匈奴使者至，激励部下三十六人，乘夜攻杀之。鄯善人大惧，情愿投降，班超回国，窦固奏上他的功劳，明帝就真把他做军司马，教他再立功西域。于是班超仍带了前此的三十六人到西域去，这时候，于阗王广德攻杀了莎车王贤，称霸南道，而龟兹王建倚仗匈奴的势力攻杀疏勒国王而立了他的臣子兜题。班超先到于阗国去，在于阗王面前杀掉匈奴的使者，胁降了他。又差一个小吏田虑，走小路到疏勒去，出其不意把兜题拿住，自己跟着去，立了疏勒旧王的儿子，名字唤作忠的。于是西域诸国纷纷进来朝贡。这时候，是73年，西域诸国已经和中国断绝关系六十五年了。汉朝也出兵北路，打破车师，再立西域都护和戊己校尉。75年，明帝崩，龟兹等国背叛，攻没都护，朝廷以为事西域繁费，就废掉都护和校尉，并召班超回国。班超要行，疏勒人怕受龟兹侵犯，留住他不放。于是班超就留居西域。80年，班超上书，请平定西域，平陵人徐幹也奋身愿意帮助班超，章帝给他一千多人，带到西域去，就把班超做西域都护。于是班超调用诸国的兵，把西域次第平定，班超在西域，直到102年才回国。任尚代他做都护，以峻急,失诸国欢心。和帝初年,诸国一时背叛,邓太后仍用了班超的儿子班勇,才把它镇定。班超带着区区三十六人,平定西域,真是千古的大英雄。他的事迹,本书限于篇幅,苦难详举,读者诸君,可以合着《汉书》《后汉书》的《西域传》参考一遍。

班超平定西域,葱岭以西诸国都来朝贡。97年,班超差部将甘英前往大秦,走到条支,临大海欲渡,"安息西界船人谓英曰:海水广大,往来者逢善风,三月乃得渡。若遇迟风,亦有二岁者。故入海,人皆赍三岁粮。海中善使人思土恋慕,数有死亡者",甘英就折了回来。大秦,就是统一欧洲的罗马,这时候,从亚洲到欧洲,陆路不通,甘英所拟走的,是渡红海到欧洲的一条路。安息西界船人的话,历史上说是安息要阻碍中国和罗马交通,故意说的,其实都是实情。详见洪氏钧的《元史译文证补》。中国和欧洲的交通,此次将通又阻,直到桓帝延熹初,"大秦王安敦遣使自日南徼外献象牙、犀角、玳瑁,始乃一通焉"。这大秦王安敦,据现在史家考校,便是生于121年,殁于180年的Marcus Aurelius Antoninus(马可·奥勒留)。(班勇平定西域,只限于葱岭以东,葱岭以西遂绝。)

还有汉朝人和西羌人的交涉,这件事,是后汉分裂作三国和五胡之乱的直接原因。

第三章
魏晋南北朝

混乱与分裂

八王之乱

/ 吕思勉 /

魏朝待宗室是最薄的。同姓诸王，名为有土之君，其实同幽囚无异，所以司马氏倾覆魏朝很是容易。晋武帝有鉴于此，于是大封宗室，诸王皆得"选吏""置军"，而且"入典机衡，出作岳牧"，倚任之重，又过于汉朝。这个要算"封建制度第二次反动力"了，然而也终于失败。

晋朝的景皇和文皇是弟兄相及的。武帝的母弟齐王攸，大约也有这种希望。当时朝廷上，也很有一班齐王的党羽。说太子（惠帝）不好，劝武帝立齐王。却是武帝的权力大，毕竟把齐王逼得出去就国，齐王就此忧愤而死。这也算得晋初"继嗣之争"的一个暗潮。（参看《晋书·齐王本传》，惠帝固然是昏愚的，然而《晋书》上形容他的话，也未必尽实。譬如说惠帝听蛙鸣，便问这个是"官乎私乎"？荒年，百姓穷得没有饭吃，人家告诉他，他说"何不食肉糜"，这个是傻子无疑了。然而荡阴之战嵇绍以身护卫他，被杀，血染帝衣，左右要替他洗去，他说"嵇侍中血，勿浣也"，智愚就判若两人。可见惠帝昏愚之说，一半是齐王之党所造的谣言。）武帝死后，太子即位，是为惠帝（290年）。

宗室之间既然起了暗潮，自然要借重外戚。武帝有两个杨后。前杨后，就是生惠帝的，临终时候，因为惠帝"不慧"，怕武帝另立了皇后，要废掉他，于是"泣言"于武帝，要立自己从父骏的女儿做皇后。武帝听了她，这便是后杨后。惠帝是个极无能为的人，既立之后，杨骏辅政，他的威权自然是很大的了。却是又有人想推翻他。惠帝的皇后是贾充的女儿（贾充是司马氏的死党。司马氏的篡弑，和贾充很有关系的。可参看他本传），深沉有智数，见惠帝无能，也想专制朝政，却为杨骏所扼，于是想到利用宗室。

291年，贾后和楚王玮（武帝第五子）、东安王繇（宣王孙）合谋，诬杨骏谋反，把他杀掉。废太后，幽之金墉城（在洛阳西北），以汝南王亮（宣帝第四子）为太宰，和太保卫瓘同听政。汝南王和卫瓘要免掉楚王的兵权。贾后和楚王合谋杀掉汝南王。把东安王繇也迁徙到带方（在如今朝鲜的黄海道），旋又借此为名把楚王杀掉。292年，贾后弑杨太后。太子遹不是贾后所生，299年，贾后把他废掉，徙之金墉城。明年，又把他囚在许昌。这时候，赵王伦（宣帝第九子）掌卫兵，要想推翻贾后，就故意散放谣言说殿中兵士要想废掉皇后，迎还太子。贾后急了，300年把太子杀掉。赵王就趁此起兵，杀掉贾后，301年废惠帝而自立。

这时候，齐王冏（攸的儿子）镇许昌，成都王颖（武帝第十六子）镇邺，河间王颙（宣帝弟，安平王孚的孙）镇关中，同时起兵讨赵王。左卫将军王舆起兵杀掉赵王，迎惠帝复位。成都王、河间王都还镇，齐王入洛阳。河间王忌他，叫长沙王乂（武帝第六子）攻杀齐王（302年）。明年，河间王和成都王又合兵攻乂，不克。304年，东海公越（宣帝弟，高密王泰之子）执乂以迎颙将张方，张方把乂杀掉。成都王颖入洛阳。不多时，又回邺，留部将石超守洛阳。东海公旋又攻超，超奔邺。于是东海王（越晋爵）奉着惠帝，号召四方，以攻成都王。成都王遣石超拒战，惠帝大败于荡阴（如今河南的汤阴县），给成都王掳去，置之于邺。东海王逃回本国。这时候的成都王，要算得志得意满了，却是幽州都督王浚和并州刺史东瀛公腾（越的弟）又起兵讨他。石超拒战，大败。成都王只得挟着惠帝南奔洛阳，时洛阳已为张方所据，于是张方再挟着惠帝和成都王走长安。

305年，东海王越再合幽、并二州的兵，西迎惠帝。河间王颙派成都王颖据洛阳拒敌，大败。河间王把事情都推在张方身上，把他杀掉，叫人到东海王处求和。东海王不听，直西入关，挟着惠帝还洛阳，河间王逃到太白山，给南阳王模（高密王泰的儿子）杀掉。成都王走到新野，给范阳王虓（宣帝弟，范阳王康的儿子）捉到，杀掉。惠帝东归之后，为东海王所弑，而立怀帝。

晋系图

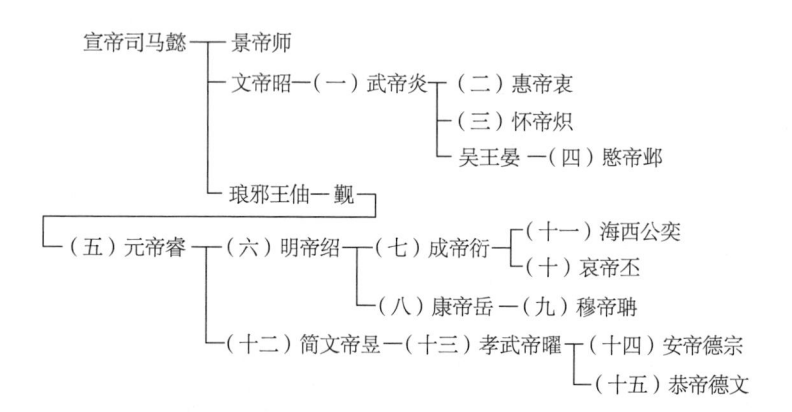

```
宣帝司马懿 ┬ 景帝师
          ├ 文帝昭 ─（一）武帝炎 ┬（二）惠帝衷
          │                     ├（三）怀帝炽
          │                     └ 吴王晏 ─（四）愍帝邺
          └ 琅邪王伷 ─ 觐 ┐
┌─────────────────────────┘
├（五）元帝睿 ┬（六）明帝绍 ┬（七）成帝衍 ┬（十一）海西公奕
│                          │             ├（十）哀帝丕
│                          └（八）康帝岳 ─（九）穆帝聃
└（十二）简文帝昱 ─（十三）孝武帝曜 ┬（十四）安帝德宗
                                    └（十五）恭帝德文
```

孝文迁洛

/ 吕思勉 /

魏初风俗至陋。《南齐书·魏虏传》述其情形云:"什翼珪始都平城,犹逐水草,无城郭,[1]木末(明元帝)始土著居处。佛狸破凉州、黄龙,徙其居民,大筑郭邑。[《魏书·天象志》:'天赐三年(406年)六月,发八部人,自五百里内缮修都城。魏于是始有邑居之制度。'天赐三年,晋安帝之义熙二年也。]截平城西为宫城,四角起楼,女墙,门不施屋,城又无堑。南门外立二土门,内立庙,开四门,各随方色。凡五庙,一世一间,瓦屋。其西立太社。佛狸所居云母等三殿,又立重屋,居其上。饮食厨名'阿真厨',在西,皇后可孙恒出此厨求食……殿西铠仗库,屋四十余间。殿北丝、绵、布、绢库,土屋一十余间。伪太子宫在

---

[1] 畜牧:魏什翼珪居平城,尚逐水草,无城郭。余朱牧亦盛。

城东，亦开四门，瓦屋，四角起楼。妃妾住皆土屋。婢使千余人，织绫锦贩卖，酤酒，养猪羊，牧牛马，种菜逐利。太官八十余窖，窖四千斛，半谷半米。又有悬食瓦屋数十间，置尚方作铁及木。其袍衣，使官内婢为之。伪太子别有仓库。其郭城绕宫城南，悉筑为坊。坊开巷。坊大者容四五百家，小者六七十家……城西南去白登山七里，于山边别立父祖庙。城西有祠天坛，立四十九木人，长丈许，白帻、练裙、马尾被立坛上。常以四月四日，杀牛马祭祀，盛陈卤簿，边坛奔驰，奏伎为乐。城西三里，刻石写'五经'及其国记，于邺取石虎文石屋基六十枚，皆长丈余，以充用。国中呼内左右为直真，外左右为乌矮真，曹局文书吏为比德真，檐衣人为朴大真，带仗人为胡洛真，通事人为乞万真，守门人为可薄真，伪台乘驿贱人为拂竹真，诸州乘驿人为咸真，杀人者为契害真，为主出受辞人为折溃真，贵人作食人为附真。三公贵人，通谓之羊真。佛狸置三公、太宰、尚书令、仆射、侍中，与太子共决国事。殿中尚书知殿内兵马、仓库，乐部尚书知伎乐及角史、伍伯，驾部尚书知牛、马、驴、骡，南部尚书知南边州郡，北部尚书知北边州郡。又有俟懃地何，比尚书；莫堤，比刺史；郁若，比二千石；受别官，比诸侯。诸曹府有仓库，悉置比官，皆使通房、汉语，以为传驿。兰台置中丞御史，知城内事。又置九豆和官，宫城三里内民户籍不属诸军戍者，悉属之。其车服，有大小辇，皆五层，下施四轮，三二百人牵之,四施绲索,备倾倒。[1]辂车建龙旗,尚黑。妃后则施杂采幰,无幢络。太后出,则妇女着铠骑马,近辇左右。虏主及后妃常行,乘银镂羊车,不施帷幔,皆偏坐垂脚辕中,在殿上亦跂据。正殿施流苏帐、金博山、龙凤朱漆画屏风、织成幌。坐施氍毹褥。前施金香炉、琉璃钵、金碗,盛杂食器。设客长盘一尺,御馔圆盘广一丈。为四轮车,元会日六七十人牵上殿。蜡日逐除;岁尽,城门磔雄鸡;苇索、桃梗,如汉仪。自佛狸至万民(献文帝),世增雕饰。正殿西筑土台,谓之白楼。万民禅位后,常游观其上。台南又有伺星楼。正殿西又有祠屋,琉璃为瓦。宫门稍覆以屋,犹不知为重楼。并设削泥采,画金刚力士。胡俗尚水,又规划黑龙相盘绕,以为厌胜。"其文化,盖兼受诸中国及西域,然究不脱北狄本色,(《魏虏传》云:"佛狸已来,稍僭华典,胡风国俗,杂相揉乱。"此胡风指西域言,国俗则鲜卑之本俗也。[2])欲革之于旦夕之间,固非迁徙不为功矣。

孝文帝知北人之不乐徙也,乃借南伐为名以胁众。齐武帝永明十一年(493年),虏太和十七年也。八月,孝文帝发代都,声言南伐。九月,至洛阳。自发代都,霖雨不霁,孝文帝仍诏发轸。群臣稽颡马前,孝文帝乃言:"今者兴动不小,动而无成,何以示后?若不南銮,即当移都于此。"众惮南征,无敢言者。遂定迁都

---

[1] 交通:魏辇五层四轮三二百人牵之,为四轮车。虏车偏坐,垂脚辕中,在殿上亦跂据。

[2] 四裔:魏兼染胡风指西域。

洛阳之计。其事详见《魏书·李冲传》。孝文帝此举，必有参与密谋者，今不可考，以意度之，必为汉臣，李冲当即其一也。当南伐时，即起宫殿于邺西，十一月，移居焉。而委李冲以新都营构之任。明年［齐明帝建武元年（494年）二月］，北还。诏谕其下以迁都意。闰月，至平城。三月，临太极殿，谕在代群臣以迁移之略。其事详见《魏书·东阳王丕传》。《传》谓孝文帝诏群下各言其意，然无敢强谏者，盖逆知其不可回矣。（当时赞孝文帝南迁，并为开谕众人，镇抚旧京者，有任城王澄、南安王桢、广陵王羽及李韶等，亦不过从顺其意而已，非真乐迁也。《于烈传》云："人情恋本，多有异议。高祖问烈曰：'卿意云何？'烈曰：'陛下圣略渊远，非愚管所测。若隐心而言，乐迁之与恋旧，唯中半耳。'"似直言，实亦巽辞也。）齐明帝建武二年［太和十九年（495年）］六月，诏迁洛之民，死葬河南，不得还北。［《文成五王列传》："广川王……子谐，十九年薨……有司奏，广川王妃薨于代京，未审以新尊从于卑旧，为宜卑旧来就新尊？诏曰：'迁洛之人，自兹厥后，悉可归骸邙岭，皆不得就茔恒代。其有夫先葬在北，妇今丧在南，妇人从夫，宜还代葬。若欲移父就母，亦得任之。其有妻坟于恒、代，夫死于洛，不得以尊就卑。欲移母就父，宜亦从之。若异葬，亦从之。若不在葬限，身在代丧，葬之彼此，皆得任之。其户属恒燕，身官京洛，去留之宜，亦从所择。其属诸州者，各得任意。'"］其年九月，遂尽迁于洛阳。

孝文帝之南迁，旧人多非所欲也，遂致激成反叛。[1]《魏书·高祖纪》："[太和二十年，齐明帝建武三年（496年）]十有二月……废皇太子恂为庶人……恒州刺史穆泰等在州谋反（道武都平城，于其地置司州，迁洛后改为恒州），遣行吏部尚书任城王澄案治之（澄景穆子任城王云之子）。乐陵王思誉坐知泰阴谋不告，削爵为庶人。（景穆子乐陵王胡儿无子，显祖诏胡儿兄汝阴王天赐之第二子永全后之，袭封。后改名思誉。）"《恂传》云："恂不好书学，体貌肥大，深忌河、洛暑热，意每追乐北方。中庶子高道悦数苦言致谏，恂甚衔之。高祖幸嵩岳（太和二十年八月）恂留守金墉，于西掖门内与左右谋，欲召牧马，轻骑奔代，手刃道悦于禁中。领军元俨勒门防遏，夜得宁静。厥明，尚书陆琇驰启高祖于南。高祖闻之骇惋。外寝其事，仍至汴口而还……引见群臣于清徽堂……高祖曰：'……古人有言，大义灭亲。今恂欲违父背尊，跨据恒、朔……今日不灭，乃是国家之大祸。'乃废为庶人，置之河阳（汉县，晋省，魏复置，在今河南孟州市西），以兵守之，服食所供，粗免饥寒而已。恂在困踬，颇知咎悔，恒读佛经，礼拜，归心于善。高祖幸代，遂如长安［太和二十一年四月，齐明帝建武四年（497年）］。中尉李彪，承间密表，告恂复与左右谋逆。高祖在长安，使中书侍郎邢峦与咸阳王禧（献文子）奉诏赍椒酒诣河阳，赐恂死。二十二年［齐明帝永泰元年（498年）］冬，

---

[1] 民族：魏南迁时，群臣叛诛。

御史台令史龙文观坐法当死，告廷尉，称恂前被摄左右之日，有手书自理不知状，而中尉李彪、侍御史贾尚寝不为闻。贾坐系廷尉。时彪免归，高祖在邺，尚书表收彪赴洛，会赦，遂不穷其本末。贾尚出系，暴病数日死。"按恂死时年十五，废时年仅十四，安知跨据恒、朔？则其事必别有主谋可知。穆泰之叛也，史云泰时为定州刺史（魏于中山置定州），自陈病久，乞为恒州，遂转陆叡为定州，以泰代焉。泰不愿迁都，叡未及发而泰已至，遂潜相扇诱，与叡及安陆侯元隆、抚冥镇将鲁郡侯元业、骁骑将军元超（隆、业、超皆丕子）、阳平侯贺头、射声校尉元乐平、前彭城镇将元拔、代郡太守元珍、镇北将军乐陵王思誉等谋，推朔州刺史阳平王颐为主（朔州，魏置，今山西朔县。颐，景穆子阳平幽王新成之子）。颐伪许以安之，而密表其事。高祖乃遣任城王澄发并、肆兵以讨之。（并州治晋阳，今山西阳曲县。肆州治九原，在今山西忻县西。）澄先遣治书侍御史李焕单车入代，出其不意。泰等惊骇，计无所出。焕晓谕逆徒，示以祸福。于是凶党离心，莫为之用。泰自度必败，乃率麾下数百人攻焕郭门，冀以一捷。不克，单马走出城西，为人擒送。（《澄传》：高祖遣澄，谓曰："如其弱也，直往擒翦；若其势强，可承制发并、肆兵殄之。"澄行达雁门，太守夜告："泰已握众西就阳平，城下聚结。"澄闻便速进。右丞孟斌曰："事不可量。须依敕召并、肆兵，然后徐动。"澄不听，而倍道兼行。又遣李焕先赴，至即擒泰。）澄亦寻到，穷治党与。（《澄传》云：狱禁者凡百余人。）高祖幸代（《纪》：太和二十一年正月北巡，二月至平城），亲见罪人，问其反状。泰等伏诛（陆叡赐死于狱）。《新兴公丕传》[1]：自高祖南伐以来，迄当留守之任，后又迁大传，录尚书，冯熙薨于代都（熙，文明后兄），丕表求銮驾亲临，"诏曰：'今洛邑肇构，跋望成劳。开辟暨今，岂有以天子之重，远赴舅国之丧？朕纵欲为孝，其如大孝何？纵欲为义，其如大义何？天下至重，君臣道悬，岂宜苟相诱引，陷君不德？令、仆已下，可付法官贬之。'（《陆叡传》：叡表请车驾还代，亲临冯熙之丧，坐削夺都督恒、肆、朔三州诸军事。）又诏以丕为都督，领并州刺史……丕前妻子隆，同产数人，皆与别居，后得官人，所生同宅共产，父子情因此偏。丕父子大意不乐迁洛。帝之发平城，太子恂留于旧京。及将还洛，隆与超等密谋留恂，因举兵据陉北。丕时以老居并州，虽不预始计，而隆、超咸以告丕。丕外虑不成，口虽致难，心颇然之。及高祖幸平城，推穆泰等首谋，隆兄弟并是党……（隆、超）与元业等兄弟，并以谋逆伏诛。有司奏处孥戮。诏以丕应连坐，但以先许不死之诏，躬非染逆之身，听免死，仍为太原百姓。其后妻二子听随。隆、超母弟及余庶兄弟，皆徙敦煌。"按冯熙死于太和十九年三月。是岁六月，诏恂赴平城宫。九月，六宫及文武，尽迁洛阳。《恂传》云："二十年（496年），改字宣道。迁洛，诏恂诣代都……及恂入辞，高祖曰：'今汝不应向代，但大师薨于恒壤，朕既居皇极之

---

[1] 即《东阳王丕传》。——编者注

重,不容轻赴舅氏之丧,欲使汝展哀舅氏……'"。此与十九年六月之诏,当即一事,叙于二十年改字之后,盖《传》之误。《丕传》所谓高祖发平城,太子留于旧京者,当即此时。高祖若至代都,称兵要挟之事,其势必不可免,代都为旧人聚集之地,势必难于收拾,故高祖拒而不往;又虑群情之滋忿也,乃使恂北行以慰抚之;自谓措置得宜矣,然魏以太子监国,由来旧矣;禅代,献文又特创其例矣。泰等是时,盖犹未欲显叛高祖,特欲挟太子据旧都,胁高祖授以监国之任?(禅代盖尚非其意计所及)高祖本使恂往,意在消弭衅端,不意恂亦为叛党所惑,还洛之后,犹欲轻骑奔代也。然此必非恂所能为,洛京中人,必又有与叛党通声气者矣,亦可见其牵连之广也。恂既废,叛党与高祖调停之望遂绝,乃又谋推阳平,亦所谓相激使然者邪?穆泰者,崇之玄孙。以功臣子孙尚章武长公主。文明太后欲废高祖,泰切谏,乃止。高祖德之,锡以山河,宠待隆至。陆叡,俟之孙。沈雅好学,折节下士。年未二十,时人便以宰辅许之。又数征柔然有功。实肺肘之亲,心膂之任,乔木世臣,民之望也,而皆躬为叛首。《于烈传》言"代乡旧族,同恶者多,唯烈一宗,无所染预"而已。当时情势,亦危矣哉?

南迁之计,于虏为损乎?为益乎?《南齐书·王融传》:"(永明中)虏遣使求书,朝议欲不与,融上疏曰:'……今经典远被,诗史北流,冯、李之徒,必欲遵尚,直勒等类,居致乖阻。[1]何则?

---

[1] 民族:王融言冯李之徒,当尚中国文化,其本族必反之。

匈奴以毡骑为帷床,驰射为糇粮,冠方帽则犯沙陵雪,服左衽则风骧鸟逝。若衣以朱裳,戴之玄頍,节其揖让,教以翔趋,必同艰桎梏,等惧冰渊,婆娑蹀躃,困而不能前已。及夫春草水生,阻散马之适;秋风木落,绝驱禽之欢;息沸唇于桑墟,别蹯乳于冀俗;听韶雅如聋聩,临方丈若爱居;冯、李之徒,固得志矣,虏之凶族,其如病何?于是风土之思深,愎戾之情动;拂衣者连裾,抽锋者比镞;部落争于下,酋渠危于上;我一举而兼吞,卞庄之势必也。'"其于魏末丧乱,若烛照之矣。《魏书·孙绍传》:绍于正光后表言:"往在代都,武质而治安,中京以来,文华而政乱。故臣昔于太和,极陈得失……延昌、正光,奏疏频上。"今其所陈不可悉考,然谓武质而安,文华而乱,固已曲尽事情。离乎夷狄而未即乎中国,固不免有此祸。然遂终自安于夷狄可乎?子曰"朝闻道,夕死可矣",一人如是,一族亦然。鸟飞准绳,岂计一时之曲直?是则以一时言,南迁于虏若为害,以永久言,于虏实为利也。孝文帝亦人杰矣哉!

《昭成子孙传》云:"高祖迁洛,而在位旧贵皆难于移徙,时欲和合众情,遂许冬则居南,夏便居北。世宗颇惑左右之言,外人遂有还北之问,至乃榜卖田宅,不安其居。(昭成玄孙)晖,乃请间言事……曰:'先皇移都,为百姓恋土,故发冬夏二居之诏,权宁物意耳。乃是当时之言,实非先皇深意。且北来迁人,安居岁久,公私计立,无复还情。陛下终高祖定鼎之业,勿信邪臣不然之说。'世宗从之。"《肃宗纪》:熙平二年[梁武帝天监十六年

（517年）]十月，诏曰："北京根旧，帝业所基。南迁二纪，犹有留住。怀本乐故，未能自遣。若未迁者，悉可听其仍停。"此可见孝文帝虽雷厉风行，实未能使代都旧贵，一时俱徙，且于既徙者亦仍听其往还也。然以大体言之，南迁之计，固可谓为有成矣。

迁都之后，于革易旧俗，亦可谓雷厉风行。太和十八年（齐明帝建武元年）十二月，革衣服之制。明年六月，诏不得以北俗之语，言于朝廷。若有违者，免所居官。又明年正月，诏改姓元氏。又为其六弟各聘汉人之女，前所纳者，可为妾媵，事见《咸阳王禧传》。《传》又载孝文帝引见群臣，诏之曰："今欲断诸北语，一从正音。年三十以上，习性已久，容或不可卒革；三十以下，见在朝廷之人，语音不听仍旧。若有故为，当降爵、黜官。各宜深戒。"又曰："朕尝与李冲论此，冲言：'四方之语，竟知谁是？帝者言之，即为正矣，何必改旧从新？'冲之此言，应合死罪。"乃谓冲曰："卿实负社稷，合令御史牵下。"又引见王公卿士，责留京之官曰："昨望见妇女之服，仍为夹领小袖。我徂东山，虽不三年，既离寒暑，卿等何为，而违前诏？"按民族根底，莫如语言，语言消灭，未有不同化于他族者，不则一切取之于人，仍必岿然独立为一民族。就国史观之，往昔入居中原诸族，及久隶我为郡县之朝鲜、安南，即其明证。人无不有恋旧之心，有恋旧之心，即无不自爱其语言者。孝文帝以仰慕中国文化之故，至欲自举其语言而消灭之，其改革之心，可谓勇矣。其于制度，亦多所厘定，如立三长之制，及正官制，修刑法是也。史称孝文帝："雅好读书，手不释卷。《五经》之义，览之便讲。学不师授，探其精奥。史传、百家，无不该涉。善谈庄、老，尤精释义。才藻富赡，好为文章。诗赋铭颂，任兴而作。有大文笔，马上口授，及其成也，不改一字。自太和十年（486年）以后，诏册皆帝之文也。"此自不免过誉，然其于文学，非一无所知审矣。亦虏中豪杰之士也。

拓跋氏之任用汉人，始于桓、穆二帝。其时之卫操、姬澹、卫雄、莫含等虽皆乃心华夏，非欲依虏以立功名，然于虏俗开通，所裨必大，则可想见。六修之难，晋人多随刘琨任子南奔，虏之所失，必甚巨也。（《卫操传》云："始操所与宗室、乡亲入国者：卫勤、卫崇、卫清、卫沈、段繁、王发、范班、贾庆、贾循、李壹、郭乳。六修之难，存者多随刘琨任子遵南奔。"）昭成愚憨（观其见获后对苻坚之语可知），其能用汉人，盖尚不逮桓、穆。其时汉人见用，著于魏史者，唯许谦、燕凤而已（据《魏书·官氏志》：凤为昭成代王左长史，谦为郎中令，兼掌书记）。道武性质，更为野蛮。破燕以后，不得不任用汉人，然仍或见诛夷，或遭废黜，实不能谓为能用汉人也。（《道武本纪》谓参合陂之捷，始于俘虏之中，擢其才识，与参谋议。及并州平，初建台省，置百官，尚书郎以下，悉用文人。又云："帝初拓中原，留心慰纳，诸士大夫诣军门者，无少长，皆引入赐见，存问周悉，人得自尽。苟有微能，咸蒙叙用。"此不过用为掾史之属而已，无与大计也。道武所用汉人，较有关系者，为许谦、燕凤、张衮、崔宏、邓渊、崔逞。谦、凤皆昭成旧人，其才盖非后起诸臣之敌。渊以从父弟晖与和跋厚善见杀。逼使妻与四子归慕容德,独与小子留平城,道武嫌之,遂借答晋襄阳戍将书不合杀之。张衮以先称美逼及卢溥,亦见黜废。《逼传》言:司马休之等数十人,为桓玄所逐,皆将来奔,至陈留南,分为二辈,一奔长安,一归广固。太祖初闻休之等降,大悦。后怪其不至,诏兖州寻访。获其从者,皆曰:"闻崔逼被杀,故奔二处。"太祖深悔之。自是士人有过者,多见优容。此亦不过一时之悔而已,以道武之猜忍好杀,又安知惩前毖后邪?)然既荐居中国之地,政务稍殷,终非鲜卑所能了,故汉人之见任者,亦稍多焉。崔浩见信于明元、大武二世,浩以谋覆虏诛,而大武仍任李孝伯(孝伯为顺从弟,《传》云自崔浩诛后,军国之谋,咸出孝伯,世祖宠眷亚于浩。)高允与立文成,初不见赏(《允传》云高宗即位,允颇有谋焉,司徒陆丽等皆受重赏,允既不蒙褒异,又终身不言),文明后诛乙浑,乃引允与高闾入禁中,共参朝政;即可见此中消息。然允等之见任,实不过职司文笔而已,[《允传》云自高宗迄于显祖,军国书檄,多允文也。末年乃荐高闾以自代。《闾传》云文明太后甚重闾,诏令书檄,碑铭赞颂皆其文也。《南齐书·王融传》融上疏曰:"虏前后奉使不专汉人,必介以匈奴,备诸觇获。且设官分职,弥见其情。抑退旧苗,扶任种戚。师保则后族冯晋国,总录则邦姓直勒渴侯,台鼎则丘颓、苟仁端,执政则目凌钳耳。至于东都羽仪,西京簪带,崔孝伯、程虞虬久在著作,李元和、郭季祐上于中书,李思冲饰虏清官,游明根泛居显职。"虏之遇汉人如何,当时固人知其情也。《允传》言:"允言如此非一,高宗从容听之。或有触迕,帝所不忍闻者,命左右扶出。事有不便,允辄求见。高宗知允意,逆屏左右以待之。礼敬甚重。晨入暮出,或积日居中,朝臣莫知所论。或有上事陈得失者,高宗省而谓群臣曰:'君父一也。父有是非,子何为不作书于人中谏之,使人知恶,而于家内隐处也?岂不以父亲,恐恶彰于外也?今国家善恶,不能面陈而上表显谏,此岂不彰君之短,明己之美?至如高允者,真忠臣矣。朕有是非,常正言面论。至朕所不乐闻者,皆侃侃言说,无所避就。朕闻其过,而天下不知其谏,岂不忠乎?汝等在左右,曾不闻一正言,但伺朕喜时求官乞职。汝等把弓刀侍朕左右,徒立劳耳,皆至公王。此人把笔匡我国家,不过作郎,汝等不自愧乎?'于是拜允中书令,著作如故。"夫以言不忍闻,遂令左右扶出,所谓礼遇甚重者安在?高宗之爱允,不过以不彰其过而已,此实好谀恶直,岂曰能容谏臣?允之谏诤,史所举者,营建宫室,及婚娶丧葬,不依古式,此并非听者所不乐闻;又以不显谏自媚;而其见宠,尚不逮把持弓刀之人,虏之视汉人何等哉?然史又言:"魏初法严,朝士多见杖罚,允历事五帝,出入三省,五十余年,初无谴咎。"盖允虽貌若謇直,实不肯触虏之忌,其不欲尽忠于虏,犹崔宏之志也。《传》又言高宗既拜允中书令,"司徒陆丽曰:'高允虽蒙宠待,而家贫布衣,妻子不立。'高宗怒曰:'何不先言!今见朕用之,方言其贫。'是日,幸允第。唯草屋数间,布被缊袍,厨中盐菜而已……初与允同征游雅等多至通官封侯,及允部下吏百数十人,亦至刺史二千石,而允为郎二十七年不徙官。

时百官无禄，允常使诸子樵采自给。"又云："是时贵臣之门，皆罗列显官，而允子弟皆无官爵。"盖允之仕虏，特不得已求免死而已。[1]虽不逮崔浩之能密图义举，视屈节以求富贵者，其犹贤乎？允之见征，在太武神䴥四年（431年），宋文帝元嘉八年也。史云至者数百人，皆差次叙用，盖大武之世征用汉人最盛者也。事见《魏书·本纪》。]即李冲见宠衽席之上，实亦佞幸之流，高祖特以太后私昵，虚加尊礼，非真与谋军国大计也。此外李彪、宋弁、郭祚、崔亮之徒，或佐铨衡，或助会计，碌碌者更不足道。虏之桢干，仍在其种戚之手。此辈一骄奢疲愞，而其本实先拨矣。此则非迁都所能求益，抑且助长其骄淫，所谓离乎夷狄，而未即乎中国也。

---

[1] 民族：高允仕虏，特求免死。

南北两朝的战争

/ 范 文 澜 /

东晋司马氏政权,依王、谢、桓、庾等大族的支持而存在,也因为大族间的矛盾剧烈而微弱无力。苻坚兴百万大军长驱南下,幸赖谢安团结各大族,合力御敌,淝水一战,挽回了将亡的东晋。这是华族与异族决存亡的第一次大战争(383年)。

东晋末刘裕从民间崛起,辅佐他的新将相都是出身寒贱,比早经腐化了的旧士族能力较大、矛盾较少。他们一致拥护刘裕北伐,企图造成威望,夺取司马氏政权,共享富贵。同时北方燕秦两国,政治暴乱,拓跋珪新占河北,无力争夺黄河南岸。刘裕利用这个机会,攻灭燕秦。魏人畏惧,与宋讲和,每岁交聘,南北两朝,各守边境不相侵犯。这是华族第一次对异族的小胜利。

刘义符景平元年,拓跋嗣伐宋,宋将毛德祖守虎牢(河南氾水县[1]），魏兵围攻二百日，无日不战，魏增兵转多，毁虎牢外城，德祖更筑三重城拒敌。魏又攻毁二重，德祖只保一城。昼夜防御，将士眼都生疮，宋救兵畏魏不敢进，魏掘地道泄虎牢城中井水，城中人马渴乏，据说受伤不复出血，饥疫严重，魏猛攻不止，城陷。将士扶德祖出走，德祖慷慨说道："我誓与城同存亡，义不使城亡身存。"城中人大遭屠杀，只有参军范道基将二百人突围南归。魏士卒疫死十之二三。河南地被魏夺去。

刘义隆在位年久，元嘉时代号称东晋以来最殷富的一个时代。魏统治河北，势力强固，拓跋焘又勇武善战，开拓广大疆土，有吞并长江的奢望。南北两个全盛的国家，战争连年不断，元嘉二十七、二十八年终于发生了决存亡的大战争。

元嘉二十七年，拓跋焘自将大军袭宋。宋将陈宪守悬瓠（河南上蔡县东），士卒不满千人。焘昼夜围攻，肉搏登城，宪督率将士苦战，积尸与城平，魏军踏尸登城，短兵相接，宪锐气愈奋，战士无不一当百，杀敌万人，守军死伤也过半数。焘攻城四十二日，宋将臧质、刘康祖救悬瓠，焘退兵回平城。

接着义隆起大兵伐魏，令王公后妃百官富民各献金帛杂物助军费。富民家产满五十万，僧尼满二十万，并四分借一。全国男丁三丁发一，五丁发二，集中广陵（江苏江都区）、盱眙待命，王玄谟率水军入黄河，臧质直趋许（河南许昌市）、洛（河南洛阳市），

---

[1] 在今河南荥阳市西北汜水镇。——编者注

刘秀之牵制秦陇。焘率兵号称百万渡河击宋,王玄谟大败,死亡万余人,委弃军资,器械山积。宋将柳元景、薛安都攻陕(河南陕州区),魏洛州刺史张是连提率众二万救陕。安都怒目舞矛,单骑突阵,所向无敌,杀魏兵不可胜数。第二天又战,曾方平对安都说:"今天是我死日,你不前进,我便杀你,我不前进,你便杀我。"安都答道:"你说得是。"二将合力击魏,全军齐奋,从早晨到日仄,魏兵大溃,斩张是连提,魏将士死亡万余人。魏将拓跋仁攻破悬瓠、项城(河南项城市),刘康祖率兵八千人击仁,下令军中,顾望者斩首,后退者斩首。魏兵四面猛攻,康祖督将士死战,一日一夜杀敌万余人。康祖身受十创,意气愈盛。魏军分三部,轮流进攻,纵马负草烧军营,康祖且战且救火,有流矢贯康祖颈,坠马死。宋军失主将溃散。

魏攻彭城(江苏铜山区)不克,进兵至淮上。义隆遣臧质将万人救彭城,至盱眙,兵溃,质弃辎重器械,将七百人赴盱眙城。盱眙太守沈璞有精兵二千人。部属劝璞不纳臧质,免得将来有功被质分去,逃走时舟车不够使用。璞叹道:"准备舟车逃难,我早就不想了。鲜卑残暴,古今少有,屠杀的惨状,诸君还没有看饱吗?人民被驱还北国当奴婢,算是最大的幸运,臧质残兵难道不怕,所谓同舟共济,胡越一心,我决不能贪功拒绝他。"璞开门纳质,协力守城。魏攻盱眙不克,直趋瓜步。建康畏惧,内外戒严,畿内民丁尽发,王公以下子弟悉数从军,沿江六七百里,水陆坚守,魏不能渡江,退兵攻盱眙,又不克。拓跋焘向臧质求酒,得了一瓶便尿，怒攻三十日不拔，只得退走。宋国兖、南兖、徐、豫、青、冀六州经魏兵屠烧，成了白地，春燕归来，在树林造巢。宋从此国力大衰。魏士马死伤过半，焘回国被侍臣杀死。南北两朝都疲惫不能再举。

齐萧鸾建武二年（495年），魏元宏亲率大兵三十万伐齐。魏将刘昶、王肃众号二十万攻钟离（安徽凤阳县东北），历时长久，魏兵多死。元宏到邵阳，筑城洲上（洲在钟离城北淮水中），栅断水路，夹岸筑二城。齐将萧坦之遣裴叔业攻拔二城。元宏屡战不胜，撤兵北归，魏使官卢昶、张思宁先被齐留在建康，齐人恨魏，饲昶等蒸豆，当作牛马看待。昶怖惧，泪汗交流，勉强食豆。思宁不屈，死。齐放昶还魏。元宏责昶道："人谁不死，何至自同牛马，屈身辱国，就使不学苏武，难道不怕思宁笑你？"斥昶为民。这次战争，魏没有占优势，此后北人普遍存着畏惧南侵的心理。

萧衍天监五年（506年），魏将元英、杨大眼率众数十万攻梁，围钟离，衍遣曹景宗都督诸军二十万，救钟离。钟离城北阻淮水，魏人在邵阳洲两岸造桥。英据南岸攻城，大眼据北岸做英军后援。钟离兵只三千人，守将昌义之督率将士随方抗御。魏军使汉人负土填堑，鲜卑骑兵从后驱迫，入土并坠堑中，顷刻堑满。魏军昼夜苦攻，分队代进，一日战数十合，前后杀伤万计，魏尸骸与城平。衍又遣韦睿将兵救钟离，受曹景宗节制。僚佐畏魏兵势盛，劝睿缓行。睿说："钟离危急，我军飞奔往救，还怕失机，你们不要恐慌。"睿行十天到邵阳，景宗招待甚优。衍喜道："二将和，定得胜利。"景宗在洲上筑城，器甲精新，军容严肃，魏人望见丧气。城中知有援军，勇气百倍。杨大眼勇冠全军，将万余骑来战，所向披靡。睿结车成阵，硬弩二千一时并发，矢贯大眼右臂，大眼退走。次日元英自率兵来战，睿上阵指挥，一日数合，英败退。魏军黑夜攻城，飞矢如雨，睿立城上防御，魏又败退。景宗、睿率水军各攻一桥，睿攻南桥，景宗攻北桥。睿使冯道根、裴邃、李文钊等率战舰先发，尽杀魏洲上军。别用小舟载草灌油，乘风烧桥，风怒火盛，烟尘晦暝，敢死士拔栅斫桥，转眼间桥栅全毁。道根等身自搏战，全军奋勇，呼声动天地，无不一当百，魏军大溃。元英见桥断，脱身弃城走，大眼也烧营逃去。诸垒相次崩坏，魏人溺死十余万，斩首又十余万。睿遣人通知昌义之，义之悲喜，不及答话，大叫："再生！再生！"诸军追逐魏败兵，沿淮百余里，尸体满布，生擒五万人，收得资财、器械牛马驴骡不可计数。义之请景宗、睿宴会，置钱二十万赌博助兴，睿故意输败，送钱给景宗。诸将争先向萧衍报捷，睿独居后，尤为世人所崇敬。这次战争，梁得全胜。说明魏到元恪时代内政衰乱，国力已没落不振。

萧绎都江陵称梁帝，承圣三年，西魏宇文泰遣常山公于谨、中山公宇文护将兵五万攻江陵。绎令大将王僧辩入援，镇南将军王琳使裴政走小路见绎，魏军获政，令政到城下说："王僧辩闻江陵被围，已自称帝，王琳孤弱，不能来援。"政大声对城上人说："援兵大至，你们努力。我因走小路被擒，誓碎身报国。"监视人大怒，击碎政口。魏军四面攻城，胡僧祐亲冒矢石，昼夜督战，魏不能胜。僧祐中流矢死，魏攻破南城，城北诸将仍苦斗，日暮众溃散。绎焚所聚古今图书十四万卷，说道："我读书万卷，还不免有今天。"使人起草降书，谢答仁、朱买臣谏道："城中兵不少，夜间率众突围出城，渡江就任约，约筑垒马头岸，隔着大江，可以抗敌。"绎怕骑马，又怕步走，认渡江事必无成。答仁愿亲自扶马，绎问王褒，褒说："答仁是侯景余党，不可信，被他出卖，不如自己投降。"答仁请守子城，收兵可得五千人，王褒以为不可。答仁求见绎，被褒拒绝，怒极吐血逃走。王褒上书于谨，自称常山公家奴王褒。褒是南朝著名文士，贪生无耻如此。绎骑白马、着白衣出东门降魏，魏军士反绑绎，路遇于谨，牵绎使跪拜。与绎争位不胜，奔降西魏的萧詧取绎入营，大肆侮辱，用土囊压绎死。魏虏江陵王公以下及百姓男女十余万人分赏三军做奴婢，驱归长安，城中老弱都被杀死。

魏立萧詧做梁帝，借给荆州土地。詧居江陵东城，魏置防兵居西城，监视萧詧。詧部将尹德毅先曾说詧道："魏人贪残，江东涂炭。殿下引魏入寇，杀人父兄，孤人子弟，人人怨恨，如何立国，魏全国精粹集中江陵，我想殿下可设盛会，欢宴魏将。伏武士杀于谨等，分遣诸将袭杀魏兵，魏人新胜骄慢，事必成功，安抚江陵士庶，招来王僧辩等，迁都建康，可立大功。"詧犹豫不决。后来魏兵杀掠梁民，仅让詧居西城拥空号，詧悔叹道："恨不用尹德毅的计策。"荆州是南朝上游重镇，经这次战争，南朝土地更削小了。

隋杨坚开皇八年（588年），命晋王杨广、秦王杨俊、清河公杨素为行军元帅。广出六合（江苏六合区），俊出襄阳（湖北襄阳市），素出永安（湖北松滋市），刘仁恩出江陵，王世积出蕲春（湖北蕲春县），韩擒虎出庐江（安徽庐江县），贺若弼出广陵，燕荣出东海（江苏东海县），兵五十一万八千，水陆军东西数千里，大举攻陈。隋军临江，陈人震骇，陈帝陈叔宝对群臣说："我受天命做天子，齐兵三来，周兵两至，都大败回去，隋兵来做什么！"叔宝依旧饮酒赋诗，昏睡到午后才醒。开皇九年，贺若弼进据钟山（南京东北十八里），韩擒虎屯新林（离南京二十里），王世积水师出九江，陈人大惧，相继降隋，建康守军十余万，叔宝性怯懦，不达军事，日夜啼泣，军政处分，一切委奸臣施文庆。叔宝忽然说道："兵久不决，令人气闷，可呼萧摩诃出兵打一仗。"任忠叩头，苦请坚守勿战，叔宝不听，命摩诃、鲁广达、任忠、樊毅、孔范出击贺若弼，陈兵大败溃散。任忠降韩擒虎，引擒虎入朱雀门。忠对守军道："老夫还投降，你们战什么！"守军走散，城内文武百官都奔遁。叔宝率张贵妃、孔贵嫔等美女十余人逃入辱井（本名景阳井，因叔宝投入，称为辱井）。隋军投绳井中，呼叔宝不应，声言要下石，叔宝惊叫，与张孔二人同缚上来，投降隋朝，陈亡。

江南自东晋以来，刑法疏缓，士族世家陵侮寒贱，把持各种优厚的权利。隋平陈，悉用北人做守令。苏威作《五教》令陈民诵读，民间又讹传隋将徙民入关，远近惊骇。豪强婺州汪文进、越州高智慧、苏州沈玄憎自称天子，乐安蔡道人、蒋山李棱、饶州吴世华、温州沈孝彻、泉州王国庆、杭州杨宝英、交州李春等自称大都督，各聚徒党，鼓动人民，举兵反隋。大部有众数万，小部数千人，攻陷州县，执隋官或抽肠、或割肉，骂道："还能迫我读《五教》吗？"陈故地纷纷反叛，隋大将杨素率兵屠杀，击破诸叛军，江南平定。这一战争，不仅消灭陈氏政权，连作为南朝政权基础的士族势力也同时消灭。

南北两朝长期战争，谁的政治较好，谁的内部比较统一团结，谁就在军事上获得胜利。北方依靠兵多马多，南方依靠长江天险，这只是不甚重要的条件。决胜败的主要条件，还是在于谁的政治较好和谁的内部较能统一团结。

第四章
隋唐

开疆拓土

平陈

/ 岑 仲 勉 /

突厥中衰，北边无警，而又经济稳定，则隋之统一，有可能性。近人冀朝鼎提出我国历史上经济要区之论，以为政治统一之获得，只有一道，全国分为许多区域，"众区之中，有一区焉，其本地之农业出产，其接受他地转漕之利便，均优于余外诸区，以是故，凡取得此区者，即取得征服统一全中国之钥"[1]。按农产、转运二事，即在六朝之末，江南亦视关中为优胜[2]，且同是汴水，刘裕用之以定秦，如冀之说，则北方无统一南方之理。《孟子》云："天时不如地利，地利不如人和。"在双方条件相等或稍相等之情势，则胜负之券，应以能适应环境、能发动及领导群众为

---

[1] 冀书是英文本，此据《中国社会经济史集刊》五卷一期一二二页书评所撮引。

[2] 参看《宋书》五四《史臣曰》。

标准。

文帝既移周社，志得意满，遂萌统一之想，即位未一月，便任声名素著之韩擒虎为庐州总管，贺若弼（贺若复姓）为吴州（扬州）总管，委以平陈之事。弼承父敦遗志，献取陈十策，适北边不宁，未遑发动。

平陈方略多本自崔仲方。开皇六年（586年），仲方论取陈之策，大致言武昌已下，蕲、和、滁、方（今六合区）、吴、海等州宜驻精兵，密营渡计。益、信（今巴东）、襄、荆、基（今钟祥）、郢（同上）等州速造舟楫为水战之具。蜀、汉二江为上流必争之冲要，若陈令精兵赴援，则下流诸将即须择便横渡；如其拥众不出，则上江诸军可鼓行以前（《隋书》六〇《本传》）。

陈宣帝卒［开皇二年（582年）］，子叔宝立，是为陈后主。即位之翌年（584年），起临春、结绮、望仙三阁，并以沉檀香木为材，又饰金玉、珠翠。唐魏徵云："后主生深宫之中，长妇人之手，既属邦国殄瘁，不知稼穑艰难，初惧贻危，屡有哀矜之诏，后稍安集，复扇淫侈之风。宾礼诸公，唯寄情于文酒（如江总、孔范辈，称为狎客），昵近群小，皆委之以衡轴（施文庆、沈客卿辈）……耽荒为长夜之饮，嬖宠同艳妻之孽。"（见《陈书》）其速亡宜也。

统叶护可汗继沙钵略之政，隋北边无警，开皇八年（588年）三月，遂下诏伐陈。十月命晋王广、秦王俊、杨素，并为行军元帅。广出六合，俊出襄阳，素出信州，刘仁恩出江陵，王世积出蕲春（黄冈），韩擒虎出庐江（安徽），贺若弼出吴州，燕荣出东海（海州）[1]，合总管九十，兵五十余万，皆受晋王节制，文帝驾幸定城（华阳），陈师誓众。

明年正月，弼自广陵济京口，擒虎济采石（当涂），以钳形攻势，夹攻建康，陈军束手无策。二月，擒虎先入城，获叔宝，陈亡。

素与仁恩引舟师趣三峡（瞿塘、巫、西陵），陈将吕肃守险滩，经四十余战，卒破之，又破肃于荆门，乘胜东下至汉口，与秦王会。时建康已下，晋王命叔宝为手书招上江诸将，于是上江皆平。世积以舟师自蕲水趣九江，驰书谕降豫章诸郡。荣自东莱傍海入太湖，取陈之吴州（苏州），随宇文述略定晋陵、会稽诸郡。

谯国夫人者高凉冼氏之女，世为南越首领，所属部落十余万家，嫁为高凉太守冯宝妇，佐夫治理，政令有序。及宝卒、陈亡，岭表未有所附，数郡共奉戴夫人，号为圣母。会文帝遣韦洸安抚岭外，夫人得叔宝书，乃遣其孙魂率众迎洸入广州，岭南悉定。隋册冼氏为谯国夫人，许开幕府，置长史以下官属，部落六州兵马，俱听发落，若有机急，便宜行事。夫人尝疏劾番州总管赵讷贪虐，致于法，至仁寿初始卒。

---

[1] 即江苏连云港市。——编者注

疆域之开拓

/ 岑 仲 勉 /

好大喜功,往往与穷奢极欲相表里,大业三年三月,遣朱宽使流求[1],四年三月,遣常骏使赤土[2],致罗刹(此据《食货志》二四。《本纪》三及《北史》一二"刹"皆作"屫"),皆足表示炀帝之个性。

流求或以为即今琉球,或以为台湾,说者各异。据《隋书》八一,大业六年,陈稜、张镇州击流求,系自义安郡渡海,义安即今潮州,非进攻琉球之适当口岸,不合者一。同传又言:"至高华

---

[1] 唐刘恂《岭表录异》作流虬。《宋史》:"流求国在泉州之东,有海岛曰彭湖,烟火相望。"又《元史》:"流求在南海之东,漳、泉、兴、福四州界内,彭湖诸岛与流求相对。"涉流求事可参《中国史乘中未详诸国考证》一六二——八八页《古琉球国考证》。
[2] 赤土所在,计有暹罗、婆罗洲、马来半岛、苏门答腊、跨马来半岛与苏门答腊、锡兰等多说,据余考证,应以苏门答腊为是,说繁不备录。

屿，又东行二日，至鼋鼊屿，又一日，便至流求"，其方向为东行（如赴琉球，须向东北），高华得为南澳（汕头至南澳一百二十里），鼋鼊得为澎湖列岛，由南澳至澎湖，约经度两度，确可二日便至，澎湖一日到台湾，亦符事实，若以拟琉球，未免太近，不合者二。陈、张"献俘万七千口，颁赐百官"（《本纪》三），台湾北部，隋时想已有不少汉人流寓，故有此数，琉球则未必得如许俘虏，不合者三。

用兵之地，更有林邑（即占婆Champa）。文帝末，交州俚人李佛子作乱（此据《隋书》五三《刘方传》；唯《越史略》一云，梁时九德参军李贲，本中国人，其七世祖于西汉时徙居太平，大同十年，自称南越帝，建前李朝，再传至李佛子，则佛子非俚人也。"俚"字之用法，曾于拙著《释俚》揭之，今得此证，更见旧史之不可呆读。开林邑事，可参冯译G.Maspero《占婆史》三八—四〇页），刘方讨平之，因使经略林邑。方率舟师趣比景，大业元年正月，军至海口（灵江口），击走其王梵志，度阁黎江，入国都，获金庙主十八枚，佛经五百六十四夹，凡一千三百五十余部，并崑崙书（即占婆文），刻石纪功，士卒脚肿死者十四五（参《刘方传》、《隋书》八二及《续高僧传》二《彦琮传》）。将其地分置荡、农、冲三州（后改比景、海阴、林邑三郡），隋兵引还后，梵志复得故地，遣使谢罪（参《隋书》三一及八二）。

次为吐谷浑（可读原音，不必如宋人读"突欲魂"），急言之曰退浑，就其被统治之人言之，则羌种也（或以为唐古特族，不确，唐古特系党项之转），旧称曰阿柴［或阿赀（Aza）］虏。大业初，铁勒犯塞，遂请降，帝使裴矩讽令击吐谷浑以自效，铁勒即勒兵往袭，大败之，其主伏允东走保西平（鄯州，今乐都区）。三年，又命杨雄、宇文述等往征，四年西巡时，更分兵数道围之，来降者十余万口，六畜三十余万，自西平以西，且末（Čerčen）以东，祁连以南，雪山以北，东西四千里，南北二千里，皆为隋有，分置郡、县（五年六月，置鄯善、且末、西海、河源四郡，各统两县）、镇戍，发天下轻罪徙居之。

时西域诸藩多至张掖交市，裴矩掌其事。四年，帝将巡河右，先令矩赴敦煌，矩知帝勤远略，遣使说高昌（Cočo）王及伊吾吐屯设（Tudun Šad），啖以厚利，导使入朝。明年西巡，次燕支山（张掖附近），高昌王、伊吾设及西藩胡二十七国，谒于道左，伊吾设献西域数千里之地，六年，置伊吾郡，使薛世雄城之。

最应记者为倭国之交通。"委""妥"二字在古往往通用，倭国即倭国也。开皇廿年［推古八年（600年）］，其王多利思北孤（即推古女王）遣使诣阙。大业三年，又遣使兼沙门数十人来学佛法[1]，其国书称"日出处天子致日没处天子"，炀帝览之不悦。明年，诏文林郎斐（即裴字）清往使，度百济（今朝鲜半岛西南部），行至竹岛（今珍岛，在全罗南道西南海中），南望舳罗国

---

[1] 使人为大礼小野妹子，来求《法华经》，或作"苏因高"者乃"妹子"之音译，参《日本国志》四。

（即耽罗，今济州岛），经都斯麻国（今对马岛），迥在大海中。又东至一支国（今壹岐岛），又至竹斯国（今筑紫郡）。又东至秦王国，其人同于华夏。又经十余国（即小岛），达于海岸。自竹斯国以东，皆附庸于俀云（《隋书》八一，参丁谦《〈隋书〉四夷传考证》）。

突厥既分裂，其势渐衰，居西方者曰处罗可汗，屡与铁勒相攻，卒为所败。炀帝采裴矩离间之策，可汗遂以七年底入朝于临朔宫，赐号为曷娑那可汗，留居中国。十年正月，将宗女信义公主嫁之。

三伐高丽

/ 岑 仲 勉 /

高丽自号高句丽，北齐废帝封其王阳[1]为高丽王，始去"句"字（《东北通史》一七四页）。初，燕盛时，略属真番、朝鲜[2]。及汉兴，以路远，修辽东故塞，仅至浿水（今鸭绿江，或云大同

---

[1] 金富轼《三国史记》作于高丽仁宗廿三年（宋高宗时），亦称为阳成（据《东北通史》一七四页），或作"汤"者当误。"初中《中国历史》第二册七页所讲的朝鲜半岛上，高丽、百济、新罗三国，据说高句丽不是高丽，高丽是在明清时代，隋唐二代都是高句丽，以后是百济太封国，再以后是高丽。"（据《历史教学》1955年二号五七页《问题解答》）按"句"字之去，始于北齐，自是"高丽"之称，已行用三百余年，王建立国［晋天福元年（936年）］，实借用"高丽"之称，焉能谓在前之高句丽不是高丽？如说高句丽最初在辑安一带，则我国上古何尝不限在黄河流域？大约因黄炎培曾有"王氏高丽实与高句丽无涉"（《朝鲜》五八页）之语，然此只就其王朝系统区别之，不可因辞而废义也。

[2] 燕明邑所造明刀币曾在平安北道、全罗南道发现（黄著《朝鲜》四五页）。

江）为界。有燕人卫满东渡浿水，据其地而自王。元封三年，武帝遣兵定之，开为玄菟、乐浪、临屯、真番四郡[1]。元帝时（前37年）北夫余之高句丽人[2]朱蒙（《好大王碑》作邹牟）始建国，渐残汉郡，东晋安帝元兴三年［好大王十四年（404年）］，其十九世朝广开土境，平安好大王[3]卒掠有辽东之地。继位者长寿王之十五年［宋元嘉四年（427年）］，始迁都平壤。北朝之末，其国东至新罗，西北渡辽水至营州，南至百济，北至靺鞨。周武时改封阳为辽东王，隋文帝受禅，仍封高丽王。阳卒，子元嗣，开皇十八年（598年），元率靺鞨之众万余骑寇辽西，隋以汉王谅为元帅，水陆三十万伐之，师次辽东，遇疾疫，死者什八九，会元亦上表谢罪，遂罢兵。

大业三年（607年），炀帝幸启民可汗帐，适高丽使在彼，帝谕令还国，促元早入朝，元不奉诏。七年，帝遂亲征，驻涿郡。八年正月，大军既集，分为左、右两翼，每翼各分十二军如次：

---

[1] 关于此四郡之今地，各说不同，可参同《朝鲜》六四—六五页。

[2] 高句丽为《汉书·地理志》（昭帝）玄菟郡所治之县，其最初立国，在今桓仁、集安二地，当鸭绿江支源佟佳江亦称浑江之上流（同前黄著《朝鲜》三四及六八页，又鸟居龙藏《满蒙古迹考》一二七页）。

[3] 今集安市东十里有著名之《好大王碑》，立于义熙十年（414年），清光绪六年发现。好大王，碑作好太王，即中史之"安"。

左第一军	镂方道	右第一军	黏蝉道[1]
二	长岑道	二	含资道
三	海冥道[2]	三	浑弥道
四	盖马道	四	临屯道
五	建安道	五	侯城道
六	南苏道	六	提奚道
七	辽东道	七	踏顿道
八	玄菟道	八	肃慎道
九	扶余道	九	碣石道
十	朝鲜道	十	东暆道
十一	沃沮道	十一	带方道
十二	乐浪道	十二	襄平道

史称士卒总一百十三万三千八百，号二百万，馈运者倍之，是月第一军发，终四十日，引师乃尽。诸将各奉旨，不敢越机，至七月，九军并陷，将帅奔还，遂班师。

九年春，二次征兵，三月，驾幸辽东，四月，渡辽，六月，杨素子玄感反于黎阳（今浚县），渡河直逼东都，帝遂急去高丽而回。

十年，又发天下兵，时民军蜂起，军多失期，帝以三月幸涿

---

[1]　《汉书·地理志》乐浪郡有黏蝉县，《后汉书·郡国志》作占蝉。大正二年（1913年）在平安南道发现粘蝉神祠碑，字作秥，系汉章帝元和二年（85年）所立，黄著《朝鲜》四八页。

[2]　《唐豆卢寔墓志》作左第二军海冥道。关于分道的命名，可参《东北通史》一九六页。

郡，七月次怀远镇[1]。会饥馑，六军递相掠，复多疾疫，高丽亦困

[1] 据《东北通史》二一一页，即今北镇市附近，蓝著《隋唐五代史》一一七页同。但蓝书九四页怀远镇之下，又注称，"热河（辖今河北东北部、辽宁西部及内蒙古赤峰市）朝阳县西"；按两处所言之怀远镇，都征高丽所必经，断不能不认为同地，而北镇在东，朝阳在西，相去二百余里，何蓝氏竟有此错误也。考炀帝大业八年四月乙丑（十六日）大赦诏云："其所役丁夫匠至涿郡者给复二年，至临榆关以西者复三年，至柳城郡以西者复四年，至泸河、怀远以西者复五年，至通定镇以西者复七年，至渡辽西镇者复十年。"（《文馆词林》六九九）给复年分之多少，显因征夫所至之远近，柳城郡即今朝阳（说见后），通定镇即今新民市辽河西岸之辽滨塔（《东北通史》二一〇页），则怀远镇必在朝阳之东，新民之西，可无疑义。又《隋书》六五《薛世雄传》"行燕郡太守，镇怀远"，贾耽《道里记》"营州东百八十里至燕郡城，又经汝罗守捉"，今朝阳东距北镇市恰一百八十里上下，依此推之，谓怀远镇应在北镇市东近于辽金时之梁鱼务者较可信。若蓝书"朝阳县西"之注，可断为必误。《通典》一七八："柳城郡东至辽河四百八十里，南至海二百六十里，西至北平郡七百里，北至契丹界五十里，东南到安府二百七十里，西南到北平郡七百里，西北到契丹界七十里，东北到契丹界九十里，契丹衙帐四百里……营州今理柳城县。"（参《东北通史》一八〇页）此一段里至，首要辨明者"西至北平郡七百里"一句，系指北平郡界而言，否则与"西南到北平郡七百里"一句，万万不能相沟通也。斯义既明，再依各里至求其地点，知旧说谓隋、唐之营州（柳城郡）皆今日之朝阳（蒙古人称为三座塔），其证甚确。但《隋书》志传并未见"柳城郡"之称，因之余往年疑柳城郡系大业九年征高丽时由辽西郡分出（拙著《隋书州郡牧守编年表》一六三页），后来检得八年四月大赦诏已有"柳城郡"之名（引见前），又《新唐书》三九《幽州》下"隋于营州之境汝罗故城置辽西郡，以处粟末靺鞨降人，武德元年曰燕州"，始知辽西实从柳城分出，旧日所猜，恰得其反。《隋书》三〇称"辽西郡，旧置营州"，是史家之误，应云"柳城郡，旧置营州"，方合。复次，《通典》一七八称"……复以其地为营州，炀帝初，州废，置辽西郡，大唐复为营州或为柳城郡"，辽西郡亦误，应依《辽史》三九作柳城郡。

《太平寰宇记》七一所记柳城郡四至里数，多所错误，已经前引《通史》揭出；但东至辽河南至海两项，《通史》谓"《寰宇记》皆作三百四十里"，今考《寰宇记》云："东至辽河，南至大海三百四十里，"实应"东至辽河"为一句，其下漏去里数，金氏盖误会也。

弊，遣使请降，并归上年叛人斛斯政，乃息兵，仍征元入朝，而元卒不至。

《东北通史》以为致败之因有四：（一）万乘亲征，遥为指授；（二）未立统帅，事权不一；（三）劳师远袭，饷馈难继；（四）敌势方强，无隙可乘。以如许之众，钤辖之远，而欲发纵指示，一切操于日事玩乐之独夫，根本已构成必败之条件。况当日"发鹿车夫六十余万，二人共推米三石，道途险远，不足充糇粮，至镇，无可输，皆惧罪亡命"（《资治通鉴》一八一），敌稍能坚壁，旷日持久，就非退军不可。尤有进者，远击异域，利在精兵疾前，炀帝挟童稚之见，以为众必胜寡，殊不知师无纪律，阻手碍脚，稍有摇撼，牵动全军，人越多则致败之机亦愈多也。[1]

---

[1] 黄元起《论中国历史上的民族战争》，其分析批判，大致分为四点：（一）被压迫民族的人民因反抗外族剥削阶级而谋解放，如八王之乱属之；（二）对社会历史的发展，发生进步或阻碍作用，如汉武帝对匈奴、唐太宗对突厥属之；（三）各民族的文化交流，发生了有利的影响，如汉武帝征南越、西域及西南夷，隋炀帝、唐太宗征高丽，蒙古征欧、亚都属之；（四）使中国民族得以生存，发展得以伟大，如五胡乱华、南北朝混战等，都应该否定（1953年6月河南《新史学通讯》）。彼所类别，我不能完全同意。姑就涉于隋、唐者论，黄氏以匈奴、突厥两战争为同类，此点自然不错；唯是，汉自高祖迄景帝，岁遗匈奴缯絮，而匈奴对汉族横加剥削，犹不之足，反时常率军南侵，肆行掳掠，烽火达于甘泉，民无宁岁，其为压迫侵略，记载炳然。大凡分析历史，不当局限于已成之事实，有时且须考虑其可能造成之局面；试取匈奴西迁，构成欧洲中古黑暗世纪来对比，便觉得汉武帝如不领导抵抗，欧洲之灾难，不难先演于中华，依此以思，汉对匈奴应列为解放的战争。同样，突厥之木杆、佗钵，利用周、齐互斗，削弱我国，彼则持举足轻重之势，坐享两方面之供输；迨隋炀帝既倒，

彼又拥立杨政道为隋王,与革命军相对抗,北方豪杰,尽量收罗,或给以官号,或助以兵力,无非欲延长我之内战,遂其蚕食之阴谋。更严重者,当李唐统一大势已定,彼犹两次追京,幸而颉利不如佗钵之枭雄,否则五胡乱华,将重演于隋唐之际,故汉唐处境,可谓大致相同。斯大林同志以为在社会主义经济制度未完全胜利以前,"保护国家以防外来危险这一职能当然还是存在着的"(葛利科夫等《斯大林与历史科学》一八页),则去今一千至二千余年以前,此职能之比较的重要,自不待言。可是,黄氏对匈奴、突厥,并未考虑其破坏演变之可能,甚而彼等主动侵略之事实,亦未通体检查一过,猥以进步作用为两项战争之主脑,是所谓见其小而遗其大矣。

蒙古西侵,与希腊东侵相类,彼等带去之唯一礼品,只是破坏中亚最繁盛之城市,经过惨酷战争后,或阅数百年而不能复建,其灾害足可惊。论到蒙古当日的文化,总比其敌人为低,后来引生东西文化之交流,不过偶然的副产品,初非侵略者之始念与预料所及。抑从唐代前半叶历史观之,文化交流并不需以战争为主要导体,吾人论史,遇着两项问题相纠缠的时候,就应比较其影响之大小以行取舍;蒙古西征者既只以侵略为目的,试抓着此点,便可以断然决然地列作侵略性战争。

依此来推论,吾人对于隋炀帝之征高丽,便不难得到合理的批判。首先是,隋炀帝师出无名,无非好大喜功的思想在作怪。其次,隋末农民大革命,无疑以三征高丽为最要原因;考自隋文帝统一以后,我国经济文化之发展正表现着逐渐上升,而经过此一回变乱,人口却剧烈下降,大业五年(609年)有口四千六百余万(《隋书》二九),直至神龙元年(705年),仍不过三千七百余万,其如何阻碍社会生产之发展,不言而喻。此一战役断应列为侵略性战争,若求其文化交流之作用,则直微末不足道矣。

赵俪生、高昭一两家又提出三次征辽客观必然的原因:(一)防御外侵;(二)高丽"不仅具备入侵中国的可能,它还较之突厥更多地具备着于占领之后统治中国的可能"(《中国农民战争史论文集》七一——七二页)。按外侵之威胁,大业时远不如开皇之紧张,而且开皇十七年高丽入犯,隋文帝虽出师抵御,旋即罢兵,以后再无举动,为何单独大业时代有此必然性存在?其次,突厥强盛时高丽常与结好及聘使往来,此由突厥文阙特勤碑可以见之,如果据高丽使臣在启民处,便说他们俩要联结起来合以谋隋,未免流于杯弓蛇影矣。

初唐的对外侵略
/ 范 文 澜 /

李世民天姿雄武，十六岁应募从军，十八岁助李渊守太原。世民首创夺取长安、东向争天下的计划。后来削平群雄，统一中国，也全是世民的功绩。他部下谋臣猛将，如李靖、李世勣、尉迟敬德、李道宗、程咬金、侯君集、薛万彻等人，大抵出身行伍，好战成性。李世勣常对人说："我年十二三时为无赖贼，逢人便杀；十四五为难当贼，不快意便杀人；十七八为好贼，只在阵上杀人；二十为大将，用兵救人死。"在世民看来，这些人是不容易安置的。他不愿意屠杀功臣，又不放心他们能终守臣节。贞观十八年，出兵伐高丽，李靖年七十余岁，老病不能从行，世民拍靖背道："好好努力，司马懿非不老病，竟能自强，立功魏朝。"靖惶恐叩头道："老臣请扶病从驾。"二十三年，世民临死密告太子李治道："李世勣才智有余，你对他无恩，未必肯顺服，我现在贬他的官，他如果奉命就行，我死，你用他做大臣，如果徘徊顾望，立刻杀死他。"世民对功臣猜忌如此。贞观时代，连年攻伐四夷，第一为了减少君臣间的矛盾，第二为了夺取土地和人口，第三为了提高皇帝的威望，对人民丝毫没有利益。

突厥——突厥始毕可汗时，国力强盛，李渊起兵取长安，怕突厥攻袭晋阳，忍辱对突厥称臣。始毕死，颉利可汗立。颉利连年大举入寇，李渊甚至想焚毁长安，迁都避难，赖世民出击获胜，关中得免陷没。世民即位，每日亲率将士数百人在宫中习射，准备击灭突厥。颉利用兵不息，资财匮乏，向诸部重敛，诸部怨叛。东部突厥突利可汗受颉利压迫降唐。铁勒族的薛延陀、拔野古、仆固、同罗等部及突厥诸部酋长也相率降唐，颉利益衰弱不振。贞观三年，李靖率李世勣、柴绍、薛万彻合兵十余万人分路出击，大破颉利兵。四年，生擒颉利可汗，斩首一万余，俘男女二十余万。获杂畜数十万。突厥亡。大漠以南，全为唐有。世民对群臣说："往年太上皇（李渊）为救百姓，称臣受辱，我常痛心，今突厥降服，庶几可雪前耻。"颉利到长安，伏地哭拜谢罪。李渊非常喜悦，召世民及贵臣置酒凌烟阁，渊自弹琵琶，世民跳舞，贵臣轮流进酒，到夜深才散会。

铁勒——突厥强盛时，铁勒诸部散居漠北，有薛延陀、回纥、同罗、仆固、契苾等十五部，薛延陀最强大。贞观二年，薛延陀推夷男为可汗，夷男不敢当。世民正图突厥，遣使封夷男为真珠毗伽可汗。夷男大喜，入唐贡献。突厥亡后，北方空虚，真珠率部落南迁，有兵二十余万。真珠使二子分主南北部，世民封二子都做小可汗，外示优崇，实际是分裂薛延陀。世民又立突厥降人李思摩为俟利苾可汗，使渡河居突厥故地。十五年，真珠发兵三十万攻突厥，世民命李世勣、李大亮、张士贵、李袭誉分路出救。临行训诸将道："用兵的原则，见利速进，不利速退。薛延陀不能乘思摩无备，一击成功，思摩已入长城，又不速退，粮尽马瘦，进退失据，你们出兵，不须速战，等薛延陀穷困退走，同时夺击，一定成功。"李世勣依计，大破薛延陀，斩首二千余级，捕虏五万余人。

十六年，真珠遣使来请婚，献马三千匹，貂皮三万八千张，马脑镜一面。世民允许嫁女给他。真珠大喜，使侄突利设来纳聘礼：马五万匹，牛骆驼一万头，羊十万口。世民大会群臣，厚赏突利设，表示和亲已定，又下诏亲送公主到灵州（宁夏灵武市），令真珠来亲迎并会见皇帝，同时发使三路收受真珠所献杂畜。薛延陀本无库藏，真珠严厉搜括诸部，往返遥远，牛马耗损。世民借口真珠聘礼未备，失期不来，下诏绝婚，追回三路收礼使。世民知道薛延陀新做大酋长，势力还没有巩固，所以力求通婚唐朝，借势威服诸部。这次通婚不成，同罗、仆固、回纥等十余部，兵各数万，一定要反叛薛延陀。果然，真珠死后，子多弥可汗立，回纥、仆固、同罗等部大败多弥。二十年，命大将李道宗、阿史那·社尔、薛万彻、执失思力、张俭、契苾何力率兵分路出击。多弥惊逃，回纥攻杀多弥。李世勣招抚铁勒余部，回纥、拔野古、同罗等十一姓各遣使入贡，尊唐天子为天可汗。

西突厥——贞观二年，西突厥内乱，西域诸国及铁勒叛西突厥。二十年，乙毗射匮可汗遣使入贡请婚，世民令割龟兹、于阗、疏勒、朱俱波、葱岭五国做聘礼。李治显庆元年，葱岭道行军总管程咬金大破西突厥，副总管周智度攻突骑施（西突厥属部），斩首三万余级。二年，伊丽道行军总管苏定方大破西突厥，俘沙钵罗可汗。李治分西突厥地，置濛池、崑陵二都督府，封降人阿史那弥射为兴昔亡可汗，阿史那步真为继往绝可汗。继往绝与兴昔亡有旧怨，飓海道总管苏海政信继往绝密告，杀兴昔亡，西突厥又乱。武曌封兴昔亡子元庆为兴昔亡可汗，继往绝子斛瑟罗为继往绝可汗。斛瑟罗收西突厥十姓（咄陆五姓，弩失毕五姓）余众六七万人入居内地，改封竭忠事主可汗。李显封突骑施酋长乌质勒为怀德郡王。李隆基封阿史那昕为十姓可汗。西突厥时叛时降，不为中国大害。

龟兹——贞观二十一年，龟兹王布失毕失臣礼，世民怒，命阿史那·社尔、契苾何力、郭孝恪出兵，与铁勒、突厥、吐蕃、吐谷浑连兵进讨。阿史那·社尔破五大城，降七百余小城，虏男女数万口，擒布失毕。李治时龟兹内乱，唐灭龟兹，置龟兹都督府。

高昌——高昌王麹文泰遏绝西域诸国入唐朝贡道路。贞观十三年，世民命大将侯君集、薛万均伐高昌。十四年，文泰死，子智盛兵败降唐。唐略地得二十二城，户八千余，口一万七千七百，置安西都护府，留兵镇守。

吐谷浑——贞观八年，令吐谷浑（青海）伏允可汗入朝，伏允托病不来。世民命大将段志玄进讨，吐谷浑远遁。世民又遣大将军李靖、侯君集、李道宗、李大亮等击吐谷浑。唐兵深入，沙漠中缺水，刺马血解渴，袭破伏允，斩首数千级，获杂畜二十余万头，伏允被杀。唐立慕容顺为西平郡王。

世民征伐西夷，只有灭突厥，还算给李渊雪耻，其余都是无故侵略。他依据兵法"抚士贵诚，制敌贵诈"的原则，对四夷用了无数诈计，结果扩地极大，东至于海，西至焉耆，南尽林邑，北抵大漠，凡东西九千五百一十里，南北一万九千一十八里。

世民对四夷用军事和通婚两个政策，对西境的吐蕃（西藏）采取和亲政策。吐蕃在吐谷浑西南，有兵数十万，未曾通中国。世民时赞普（酋长）弄赞有勇略，四邻畏服。贞观八年，世民谋大举攻吐谷浑，使冯德遐往吐蕃抚慰。弄赞遣使随冯德遐入贡求通婚，献黄金五千两，珍玩数百件。十五年，命礼部尚书李道宗送文成公主至吐蕃。弄赞大喜，模仿中国衣服仪饰，禁止本国鄙俗，遣子弟来长安学诗书，李治封弄赞为西海郡王。弄赞死，宰相禄东赞执国政，吐蕃益强。吐蕃与吐谷浑互攻，唐助吐谷浑。吐蕃大臣仲琮入朝，李治问吐蕃风俗，仲琮对："吐蕃地薄气寒，风俗朴鲁，可是法令严整，上下一心，议事常从下层首先提议，政治适合大众的利益，所以能强盛持久。"李治末年，李敬玄将兵十八万与吐蕃将论钦陵大战青海上，唐兵大败。吐蕃尽据羊同、党项及诸羌土地。东接凉、松、茂、巂（音髓）等州，南邻天竺，西陷龟兹、疏勒，北抵突厥，地方万余里，成为唐朝西方强敌。武曌时吐蕃内乱，大将赞婆率千余人降唐。李隆基时吐蕃连年入寇，隆基创防秋制，每年用十几万兵力防御吐蕃。

武曌以来，西突厥吐蕃最为边患，战争不息。游牧种族向内地侵扰，本无足怪，引起战乱的主要原因，却在中国政治腐朽，将吏故意挑衅，例如吐蕃请求和亲，李隆基道："赞普来信言语悖慢，我如何能忍。"皇甫惟明谏道："赞普当开元初年，还是幼童，哪能说这话。大概是中国边将诈造这封信，激怒陛下。因为边境有事，将吏得乘机盗匿官物，假报战功，讨取爵赏。这是奸臣的利益，国家的祸害。陛下试遣一使去看金城公主，与赞普当面议和，免得边地军民困弊。"隆基命惟明往吐蕃，赞普大喜，出贞观以来唐帝诏书示惟明，上书极恭顺，和议成功。这说明前时战死的军民，何等冤屈。

世民对外侵略，所向无敌，当然不肯放弃东北方的高丽国。贞观十六年，高丽东部大人渊盖苏文杀高丽王，自称莫离支（军民总管）。唐属国新罗上书称百济与高丽连兵来攻，请求援救。世民决心东征，造粮船四百艘。十八年，命张亮为平壤道行军大总管，率兵四万，战船五百艘，自莱州泛海趋平壤；李世勣为辽东道行军大总管，率步骑六万趋辽东，海陆合势前进。世民宣布东征的理由说："辽东本中国土地，隋朝四次出师不能收回，我要给中国子弟报父兄战死的仇恨，替高丽报国王被渊盖苏文谋杀的耻辱。现在四海大定，只有高丽不服，趁我还没有老，用士大夫闲余的气力取它来。"

李世勣渡辽水，高丽大骇，城邑都闭门坚守。唐兵至辽东城下，世民亲自负土填堑，拔辽东城，杀数万人，俘兵士万余人，男女四万口。大将李思摩中弩矢，世民亲为吮血，契苾何力中槊，世民亲为敷药。白岩城请降，李世勣率甲士数十人见世民道："士卒所以争冒矢石，不怕死伤，只是为了破城虏取财物。现在城快攻下，如果受降，战士不免失望。"世民下马谢道："你们的话很对。不过杀人掳掠，我心实在不忍，你们的功劳，我别用库物重赏，我替城中人向你们赎取生命。"他表示各样伪善，欺骗高丽人民，收效颇大。

十九年，世民至安市城，高丽北部酋长延寿、惠真率高丽靺鞨兵十五万救安市，阵长四十里。李道宗献计道："高丽倾全国兵力拒王师，平壤守备空虚，愿借臣精兵五千，袭破高丽京城，数十万众可不战败降。"世民不应。世民登驻跸山，令李世勣将步骑万五千阵西岭，长孙无忌将精兵万一千为奇兵，自山北出狭谷冲敌阵后背，世民自将步骑四千阵山上。世民望见无忌军尘起，命诸军鼓噪并进，延寿惊慌阵乱。唐将薛仁贵大呼陷阵，所向披靡，唐军前后夹击，高丽兵大溃，斩首二万余级。无忌撤桥梁，断溃兵归路，延寿、惠真率残兵三万六千人请降。唐军获得马五万匹，牛五万头，铁甲一万套，其他器物无数。高丽全国骇惧，后黄城、银城守军都弃城逃走，数百里不见人烟。唐攻安市城不下，天寒草枯水冻，兵马难久留，粮食将尽，世民下令退军。

这次战争，凡拔城十，徙高丽户口入中国七万人，新城、建安、驻跸三大战，斩首四万余级。唐战士死二千人，战马十死七八。世民深恨不能成功，问李靖道："我用天下兵力，被小夷困辱，是什么缘故？"靖答："李道宗知道。"世民问道宗，道宗陈述乘虚袭平壤的计策。世民叹道："当时匆匆，我没有留意。"

二十一年，世民又想伐高丽。众议高丽依山筑城，攻取不易。前次大军东征，高丽人不得耕种，夺得城邑，收没积谷，又遭旱灾，民大半乏食。今若屡遣偏师，轮番入境骚扰，使高丽疲于奔命，荒弃农作，几年以后，千里萧条，人心离散，鸭绿江北可不战而取。世民听从这个计谋，命大将牛进达将海军万余人，李世勣将精兵三千人分路侵高丽。高丽穷困，遣太子入朝谢罪。二十二年，大将薛万彻率海军三万余人击高丽。李治继续世民的遗策，厚结新罗国，连年出兵。较大的战争是显庆五年，大将苏定方率水陆军十万，联合新罗国攻百济。百济大败灭亡。百济既灭，高丽势孤，李治命大将契苾何力、苏定方、刘伯英、程名振、刘仁轨分路进击。次年，契苾何力大破鸭绿江守将泉男生（渊盖苏文长子），斩首三万余级。倭国举兵救百济余众，龙朔三年，孙仁师大破百济余众及倭军，拔周留城。仁师率陆军，刘仁轨率海军，遇倭军白江口，四战四捷，焚毁倭船四百艘，烟焰冲天，海水变赤。倭军歼灭，百济王扶余丰单身奔高丽，百济尽平。

李治乾封元年，渊盖苏文死。子泉男生、泉男建、泉男产争权互攻，泉男生使子献诚入朝求援，李治命李世勣率庞同善、契苾何力、薛仁贵等击高丽，献诚做向导，大破高丽军，斩首五万余级。薛仁贵勇冠三军，杀高丽数万人。总章元年，泉男建遣兵五万人救扶余丰，与李世勣战，大败，死伤三万余人。九月，李世勣拔平壤城，高丽王遣泉男产率首领九十八人持白幡降唐。高丽悉平。唐分高丽五部、一百七十六城、六十九万余户为九都督府、四十二州、一百县。薛仁贵为安东都护，率兵二万驻平壤镇守。

自贞观十八年开始征东，到李治总章元年灭高丽，凡二十五年。

贞观二十二年，王玄策奉世民命到天竺（印度），招诸国入唐朝贡。中天竺王阿罗那顺兵最强，臣属四天竺，发兵攻玄策，擒玄策等三十余人。玄策脱身逃到吐蕃西境，征吐蕃兵一千二百人，泥婆罗兵七千余人，进攻中天竺都城茶镈和罗城，连战三日，大破中天竺兵，阿罗那顺弃城逃走，收余众再战，又大败。玄策擒阿罗那顺及其妻子，虏男女一万二千人。天竺震动，降城邑村落五百八十余处。俘虏中有婆罗门（印度僧侣）那罗迩娑婆寐，自言有长生术。世民很信他，使合长生药，派人往四方求奇药异石，又派人到天竺诸国采药物。世民吃了他的长生药，毒发下痢，名医束手，竟不能救。朝臣们想杀娑婆寐，又怕被四夷嗤笑，只好说是病死。

这是李世民侵略胜利的结果。

侵略胜利的别一结果，是大量异族迁入中国内地。贞观四年，灭突厥，酋长受五品官以上者百余人，几占朝官的半数，入居长安近万家。六年，契苾何力率部落六千余家归降，散居甘、凉两州间。十九年，徙高丽酋长三千五百人入内地，悉授武职。又内徙辽、盖、严三州高丽人七万。总章二年，徙高丽户三万八千二百到江南、淮南及山南、京西诸州空旷地，留老弱使守安东。仪凤二年，散徙高丽人到河南陇右诸州，贫人留安东城旁。开元十年，徙河曲六州残胡五万余口到许、汝、唐、邓、仙、豫等州。这只是一些例证，其余降附的诸族，居住边境，数量极大，流入内地，与华族同化，唐朝从不禁阻，可以想见当时异族居住的自由。至于酋长和武将，很多赐姓李，政治上与华族有同等的权利。武曌时选善射武将五人赌金宝，左卫大将军泉献诚得第一，献诚让右玉铃卫大将军薛咄摩（薛延陀人），咄摩不受。献诚奏言，陛下选善射人，今多非汉官，窃恐四夷轻汉，请停选善射人。因为异族人多做武官，兵权逐渐落在他们手中，酿成中唐时代安史为首的大战祸。

自府兵起源以至于隋

/ 岑 仲 勉 /

自中唐以后，至最近以前，一般人对于府兵制度，常常发生极大的误会。其一认府兵为"兵农不分"或"兵农合一"。白居易《复府兵置屯田》云："于是当要冲以开府，因隙地以营田……俾乎时而讲武，岁以劝农，分上下之番，递劳逸之序，故有虞则起为战卒，无事则散为农夫。"（《白氏集》四七）刘蕡《对策》言："太宗皇帝肇建邦典，亦置府兵……居闲岁则櫜弓力穑，将有事则释耒荷戈。"（《旧唐书》一九〇下）杜牧《原十六卫》云："三时耕稼……一时治武。"孙樵《复佛寺奏》："开元之间，率户出兵（率若干户共出若干兵也），籍而为伍，春夏纵之家，以力耕稼，秋冬聚之将，以戒武事，如此则兵未始废于农，农未尝夺于兵，故开元之民力有余也。"（《孙可之集》六）以上皆唐人之言，因之，宋张洎奏："唐承隋制，置十二卫，府兵皆农夫也。"

(《宋史》九三）司马光《资治通鉴》曰张说建议招募为"兵农之分从此始"。最近专研者如柳诒徵、谷霁光、陈寅恪诸家亦认唐之府兵为"兵农不分"[1]或"兵农合一"[2]。

其二认为府兵兵力极强，禄山之叛，方镇之祸，皆废府兵制所促成。《玉海》一三八李繁《邺侯（繁之父李泌）家传》云："隋受周禅，九年而灭陈，天下统一，皆府兵之力也。时晋王与杨素等凡十八人总管，率师五十万伐陈……后北破突厥，西灭吐谷浑，南取林邑，东灭流求，皆府兵也。"又云："自置府兵，未有能以之外叛内侮及杀帅自擅者。自废以来，招募长征健儿而禄山得以为乱，至今不定。"又杜牧《原十六卫》云："至于开元末，愚儒奏章曰：'天下文胜矣，请罢府兵。'诏曰：'可。'武夫奏章曰：'天下力强矣，请搏四夷。'诏曰：'可。'于是府兵内铲[3]，边兵外作。"宋叶适《习学记言》三九亦将周之灭齐，隋之统一，归功于府兵。

上引多唐人言论，闻见较近，似乎少可致疑，试平心静气察之则不然。《家传》云"府兵之制，史册不甚详"，与李泌同时之刘秩、杜佑，在《通典》内并未替府兵立专节，可想安史乱前，材料已极端缺乏。且就实际上论，府兵废于开元十一年，而杜牧以为开

---

[1] 柳氏《中国文化史》二〇页，又《中国社会经济史集刊》谷氏《西魏北周和隋唐间的府兵》（一一四——一五页）。

[2] 《隋唐制度渊源略论稿》三四及一四〇页。

[3] 胡三省《通鉴释文辨误》云：字书无铲字，今多读为划。

元末，孙樵还盛称开元府兵如何如何，可为失笑。且据《家传》自言，唐盛时府兵约六十八万，而彼又谓隋文帝伐陈之师尽属府兵，则是空室以行，殊难置信。《家传》之"郡守以农隙教试阅"，陈氏已驳其非西魏当日真相，"农隙必不能限于每隔十五日之定期"[1]，可疑者断不止此，抑开元初朝端尚多明识之人，假府兵如此可恃，张说改制，何未闻交章论奏？甚至无一人出而阻止，偏于六七十年后，乃大夸其功烈，可信乎？不可信乎？

为要解决此项疑问，非再度做深入分析不可。唯是事历西魏、北周、隋、唐四朝，其间不无若干变化，每朝史料复多寡弗齐，如概括论述，或无当于实际，故依各朝先后分言之。

一、北魏兵制

陈氏谓府兵为鲜卑兵制[2]，已无可疑，故北魏兵制，吾人所知虽有限，要不可不先观其究竟。据《魏书》一八淮阳王深（渊）言："昔皇始（396—397）以移防为重，盛简亲贤，拥麾作镇，配以高门子弟，以死防遏，不但不废仕宦，至乃偏得复除，当时人物，忻慕为之。"又《北齐书》二三，正光末年（525年）魏兰根说李崇："缘遏（？）诸镇，控摄长远，昔时初置，地广人稀，或征发中原强宗子弟，或国之肺腑，寄以爪牙，中年以来，有司乖

---

[1] 《隋唐制度渊源略论稿》一三三页。

[2] 同上一三一页。

实,号曰府户,役同厮养……宜改镇立州,分置郡县,凡是府户,悉免为民。"又《魏书》五八《杨椿传》称:"自太祖平中山(皇始二年),多置军府,以相威慑,凡有八军,军各配兵五千,食禄主帅军各四十六人,自中原稍定,八军之兵,渐割南戍,一军兵才千余。"综此数条观之,"镇"是兵队之驻地,"府"是兵队之泉源,故镇之外有府户。所谓"军府""府户",正府兵所自昉。

漠北民族以游牧为生,其制总是兵牧合一,有事则合而防御,无事则散而归家。又所习者骑,千里非遥,逮乎南迁,渐成土著,情势大异,故"以移防为重",或则"渐割南戍"。固定于一处者乃末年流弊,谷氏断为"兵士土著"[1],实非初制。谷氏又将"府户"同于"民",且云:"镇领民户,田守兼重,在这种情形之下,兵农未尝分离……军镇为兵民合一"[2],镇兵是否业农,今姑不论,果府户同于民户,兰根又何须请府户悉免为民?《魏书》八七《刘侯仁传》又何以有"有司奏其操行,请免府籍,叙一小县"之建议?知"军镇为兵民合一"之不确也。唯谷谓府户"世执兵役,非中旨特许,不得请免府籍"[3],申言之,即府兵为世兵制度,所见最的。

太和十九年(495年),诏选天下武勇之士十五万人为羽林、虎贲以充宿卫(《魏书》七下),显因迁洛而有此选充,是值得注意之一点。

---

[1][3] 《西魏北周和隋唐间的府兵》八七页。
[2] 同上八六—八七页。

二、西魏府兵（附东魏、北齐）

《周书》一六称，大统十六年（550年）以前，除宇文泰、元欣，任柱国大将军者六人，"各督二大将军，分掌禁旅，当爪牙御侮之寄。"《北史》六〇称："每大将军督二开府，凡为二十四员，分团统领，是（为）二十四军，每一团仅同二人，自相督率，不编户贯。都十二大将军，十五日上则门栏陛戟，警昼巡夜，十五日下则教旗习战，无他赋役；每兵唯办弓刀一具，月简阅之，甲、槊、戈、弩，并资官给。"同时大统八年（542年），"仿周典，置六军，合为百府"（《玉海》一三七引《后魏书》）。九年，广募关、陇豪右以增军旅。十六年，籍民之有材力者为府兵（同上《玉海》引）。此即一般史家所谓府兵之始，其制度无疑是昉自北魏，可从北齐方面比较知之，《魏书》一〇六上云："前自恒州已下十州，永安（528—529）已后，禁旅所出，户口之数，并不得知。"所言为东魏及北齐初之情形，唯其归入"府户"，不编户贯，故口数弗详；吴廷燮谓管兵之人，多收户口以为兵，西魏与东魏同[1]，

---

[1] 《学术界》二卷一期七六页《次夔文录》。《魏书》七五《尔朱兆传》："令人频征献武王（高欢）于晋州，乃分三州六镇之人，令王统领。"《北齐书》二〇《慕容绍宗传》则作"遂割鲜卑隶高祖"。三州者即并、肆、汾三州，依《魏书》一〇六上，东魏时朔、云、西夏、蔚四州寄治并州，恒、廓二州寄治肆州，显、宁、灵三州寄治汾州，唯武州自立，即所谓"前自恒州已下十州，永安已后，禁旅所出，户口之数，并不得知"者也。

是也。又近世出土墓志，发现北齐许多兵府名号[1]，如非东、西魏同承北魏，无缘两朝制度甚相类。由是知陈氏称宇文泰别采取一系统之汉族文化，以异于高氏之系统[2]，不尽合于事实。两国相争最要莫如兵，然其制皆出自鲜卑，无特殊对立之处，十二将军即永兴五年之十二将（《魏书》三），犹未脱鲜卑气味也[3]。

《家传》又记府兵缘起云："初置，府不满百，每府有郎将主之，而分属二十四军。每军以开府一人将焉，每二开府属一大将军，二大将军属一柱国大将军……等六家主之，是为六柱国，共有众不满五万……初置府兵，皆于六户中等以上家有三丁者选材力一人，免其身租庸调，郡守农隙教试阅，兵仗、衣驮牛驴及糗粮旨蓄，六家共备，抚养训导，有如子弟，故能以寡克众。"此一段文字首须除去疑障者三处。（一）"六户"，《文献通考》一五一改作"六等之民"，陈氏从之，且据《魏书·食货志》献文帝为租输三等九品之制，谓西魏依此分民为九等，"六户"盖指九等户中自中下至上上凡六等之户而言[4]。余从其文义推之，六户既有"中等以上"，同时自有"中等以下"，换言之，"中等以上家"只"六户"之一部分。假依陈释，直须云"六等户以上"，何必构成"六

---

[1]《西魏北周和隋唐间的府兵》八九页。

[2]《隋唐制度渊源略论稿》一二六页。

[3]《魏书》三，永兴四年，"置四厢大将，又放十二时置十二小将"，亦鲜卑军制用"十二"之例。

[4]《隋唐制度渊源略论稿》一三二页。

户中等以上"之艰涩词句？考《隋书》二四《食货志》，"寻而六镇扰乱，相率内徙，寓食于齐、晋之郊，齐神武因之以成大业……是时六坊之众，从武帝而西者不能万人。"又"及文宣受禅，多所创革，六坊之内徙者更加简练，每一人必当百人，任其临阵必死，然后取之，谓之百保鲜卑。"（六坊旧无成说，《资治通鉴》一五六胡注："魏盖以宿卫士分为六坊"，犹是拟议之辞。滨口重国称，六镇反后，魏末禁军之组织，统之者为领军将军，下置左右卫将军各二员，每辖武卫将军各三员，共为六员，各掌一坊之羽林虎贲，是为六坊，说见《东洋学报》二四卷一号四九—五一页，亦举不出明确的书据。）寻绎隋志文义，六坊之众，显即六镇内徙之鲜卑，其中一部随魏孝武西入关，唯不如留东者多，《家传》之"六户"，同于《隋书》之"六坊"，宇文泰设六柱国，似用以适应六坊之分隶，仿周典云者汉文人为之缘饰而已，简言之，东西魏最初之兵源，均取六镇鲜卑为骨干，必限于中等以上家者犹诸北魏之取强宗子弟。三等九品乃输赋多寡之分级，与兵制完全无关。（二）"郡守农隙教试阅"之误，陈氏已辨之，所谓"唐人追述前事亦未可尽信"也[1]。柱国之下，更有大将军、开府、仪同等节级督率，何劳乎郡守？（三）"六家共备"之换言，即许多物资须由府兵本人自备，其代价为"无他赋役"，即北魏时之"偏得复除"。《资治通鉴》一六三误改为"六家供之"，须知六柱国皆奔

---

[1] 《隋唐制度渊源略论稿》一二四页。

随入关之人，焉能家家都有大宗财产以供如许之府兵设备。

大义既明，则知"门栏陛戟，警昼巡夜"，西魏府兵所任者纯属禁卫军职务，同于蒙古时代之怯薛歹（kesigt，华言禁旅）。然数不满五万，不逮太和三分之一，时方频岁战争，警卫犹虞未足，岂敷疆场调遣？大统九年之募自关、陇，于势不得不然，北齐处优势，既有百保鲜卑，尚须"简华人之勇力绝伦者，谓之勇士，以备边要"（《隋书·食货志》），可以相例。抑入关之六坊，不满万人，而西魏府兵将达五万，其间显曾取汉人为之扩充，非如《隋唐制度渊源略论稿》（一三六页）所云始自周武。又谷氏认西魏府兵为兵农不分及兵农合一[1]，按十五日上则任警卫，十五日下则习战事，不知从何觅余隙以务农也。

三、北周府兵

涉北周兵制，得如下之史料数条：

保定四年（564年）九月，命宇文护伐齐，征二十四军及左右厢散隶及秦陇巴蜀之兵，诸番国之众二十万人（《周书》一一）。

建德三年（574年）[2]十二月丙申，改诸军军士并为侍官（《周书》五），募百姓充之，除其县籍，是后夏人半为兵矣（《隋书》二四）。

---

[1] 《西魏北周和隋唐间的府兵》八八—八九页。

[2] 《周书》并记月、日，则《隋书》二四之"建德二年"，应是三年之讹。

六年（577年）十二月，移并州军人四万户于关中（《周书》六）。

宣政元年（578年）十二月，命宇文逌伐陈，免京师见徒，并令从军（《周书》七）。

此项材料，首先表现出府兵数并不多，故保定伐齐，宣政伐陈，都要向各方极力张罗，乃能出发。职是之故，统治者遂悬一免其县籍之优待条件，以广招徕。然赋役凭籍帐，狡黠者乘机钻隙，于是相率挂名兵籍，借以逃避赋税，结果兵源之获益无多，课入之损失反极大。《隋书·食货志》所谓"是后夏人半为兵"，实含讥讽语气（据大象中户数与口数之比例，每户平均只得二口半，亦可作尖锐之反映），不知者竟谓北周得此大量华人补充，因成其平齐之大业，则由昧于《隋书·食货志》言外之意也。再简括一句，北周府兵除募华人扩充，其余制度，相信与西魏无异。

更有与府兵无关而陈氏误会以为改制者。《周书》五：保定元年三月，"改八丁兵为十二丁兵，率岁一月役"，《资治通鉴》一六八胡注云："八丁兵者，凡境内民丁分为八番，递上就役，十二丁兵者，分为十二番，月上就役，周而复始。"此是成丁平民每岁应征工作（即力役）之规制，与府兵无关，胡注大致不误，盖依西魏制定，府兵半月上半月下，并非八番、十二番也。陈氏讥胡注以"民丁"释"丁兵"，不知此时为兵民分治[1]，则由于误

---

[1] 《隋唐制度渊源略论稿》一三七页。

将"丁兵"一词析为二事。按《周书》七,大象元年二月,"发山东诸州兵,增一月功为四十五日役,起洛阳宫,常役四万人以迄于晏驾",此之"兵"系指应役之平民,盖暂时取消保定元年所减定之三十日役,恢复以前之八丁兵制,故增为四十五日役也(一年三百六十日,以八人轮番,则每人应做工四十五日,以十二人轮番,则每人只做工三十日)。其后开皇三年,"减十二番每岁为二十日役"(《隋书》二四),又比保定再减少三分之一,然此皆属于庸役之制,与府兵无关,故附正之。

四、隋府兵

隋制改革之重要者在开皇十年。北周末扩充府兵,致国家财政大受损失,隋文帝为救其弊,故十年诏曰:"魏末丧乱,寓县瓜分,役车岁动,未遑休息,兵士军人,权置坊府,南征北伐,居处无定,家无完堵,地罕包桑,恒为流寓之人,竟无乡里之号,朕甚愍之。凡是军人,可悉属州县,垦田籍帐,一与民同,军府统领,宜依旧式。罢山东、河南及北方缘边之地新置军府。"(《隋书》二)论其作用,正如吴廷燮所云:"隋开皇时尽放军户为民,故户口大增于前……兵军还民,荫庇自绝。"[1]因之,有应辨正者二事:

---

[1] 同前引《学术界》。

（一）谷氏认隋"非兵民合一"[1]，而陈氏却以为然；陈据垦田二句，谓"与《北史》所载府兵初起之制兵士绝对无暇业农者，自有不同。此诏所言或是周武帝改革以后之情状，或目府兵役属者所垦，而非府兵自耕之田，或指边地屯垦之军而言，史文简略，不能详也"[2]，既曰史文不明，岂能即据以立兵民合一之断论？抑此二句不过谓每侍官占田若干及其家庭状况，都应依照平民一样，造籍造帐，并未包含侍官业农之意味（"垦"之意义不是"自耕"[3]），安见其与府兵初起时不同？盖授田、还田，皆凭户籍，军无户籍，乃破坏均田制之最大阻力，然此诏所要求者只其籍帐同于民，若夫指挥调度，仍一循北周之制，"军府统领，宜依旧式"，已明白指出，无用犹疑。何况"农"仅"民"之一分子，纵让一步言之，"兵民合一"讵能引申为"兵农合一"之结论耶？开皇三年，"初令军人以二十一成丁"，军人即军民之讳改，

---

[1] 《西魏北周和隋唐间的府兵》八八页。
[2] 《隋唐制度渊源略论稿》一三九页。
[3] 例如《管子·治国篇》"民事农则田垦"，《后汉书》一下：建武十五年六月，"诏下州郡检核垦田顷亩"，注"垦，辟也"，又贞观二年戴胄疏："今请自王公以下，爰及众庶，计所垦田稼穑顷亩……"（《唐会要》八八）又大历改行两税时，"其田亩之税率，以大历十四年垦数为准"（《新唐书·食货志》），"垦田"系与"荒地"对立之词，指所占田亩，犹云"见在生产之田"。

陈说同[1]，明明"军"与"民"分举，陈氏竟解为"境内兵民合一"[2]，是陈说已内在矛盾。如果开皇三年军与民已无区别，又何须如陈氏所解释至十年而特令合一。

（二）谷氏以为撤罢新置军府系维持重首轻足之形势[1]，是亦不然。果如其说，何不全罢某某边区的军府而所罢者只限于"新置"？军府之设置愈多，斯避赋之途径愈广，旧置者本有若干年历史及曾立功绩，朝廷为维持此项制度，当然予以照顾、保存。新置者则否，彼辈蜂拥而来，目的多为逃避赋役，开皇十年所处置，一则增国课之收入，二则塞逃避之途径。炀帝昧于此旨，征辽之时，增置军府，扫地为兵，自是租税益减（《册府元龟》四八四）；又大业九年，募民为骁果，置折冲、果毅、武勇、雄武等郎将官以领之，骁果之家，蠲免赋税（《隋书》四）。前后对照一下，便活现出开皇十年废新府之目标所注矣。

隋以府兵分隶于左、右卫等十二卫及东宫率府，置卫大将军一人，将军二人，将军即西魏开府之任（《家传》）。诸府皆领军坊，置坊主，乡团置团主（坊、团之名，均源自西魏）。大业三

---

[1] 《北史》误漏"军"字，以后《通典》《资治通鉴》承之，《隋唐制度渊源略论稿》却代解为"以其时兵民在事实上已无可别，故得略去'军'字"（一三九页），所谓"其时"，不知何指？如指"开皇三年"，则显与十年之令相违，辩详本节正文；盖言"军"者指当兵及授田年限，言"民"者指应役及授田年限。

[2] 《隋唐制度渊源略论稿》一三九页。

[1] 《西魏北周和隋唐间的府兵》一一三——一一四页。

年，改原有之骠骑将军府为鹰扬府，归十二卫统辖（均《隋书》二八）。以上所举，无非名目、阶等、隶属之更改，实质上无大变化，陈氏乃云"隋代府兵制变革之趋向，在较周武帝更进一步之君主直辖化即禁卫军化"[1]，殊不知西魏初置，职主禁卫，北周因之，于唐亦然，隋处于承上启下之时期，无所容其"化"也。

---

[1] 《隋唐制度渊源略论稿》一三九页。

唐之府兵及彍骑

/ 岑 仲 勉 /

唐制之大要如下：贞观十年置折冲府（即隋之鹰扬府），分上、中、下三等，府置折冲都尉，其副曰果毅都尉[1]，管有卫士一千二百人者为上府，一千人为中，八百人为下（《唐会要》七二）。府皆有名号（《新唐书》五〇《兵志》），"成丁而入，六十而免"。"总名为卫士，皆取六品以下子孙及白丁无职役者点充"（《六典》五，易言之，即子孙非白丁而有职役者不点，故用"及"字）。"拣点之法，财均者取强，力均者取富，财力又均，先取多丁"（《唐律疏议》三）。番上之法，在五百里内者五番，五百里外七番，一千里外八番，各一月上。二千里外九番，倍其月

---

[1] 隋称郎将，贞观始改都尉，谷氏文称"隋代都尉"（八七页）误。

上[1]。若征行之镇守者,免番而遣之(《六典》五)。凡充府兵者"人具弓一、矢三十、胡禄、横刀、砺石、大觿、毡帽、毡装、行縢皆一,麦饭九斗,米二斗,皆自备"。十人为火,"火具乌布幕、铁马盂、布槽、锸、镬、凿、碓、筐、斧、钳、锯皆一,甲床二、镰二"。五十人为队,"队具火钻一、胸马绳一、首羁、足绊皆三"(《新唐书·兵志》)[2]。总数约六十八万人(《家传》)[3]。

唐代折冲府究有多少,是最复杂而未获解决之问题,今列为(甲)(乙)两表,先就(甲)表加以分析,便得其所由殊异之原因。

(甲)旧史上所列折冲府数目表

折冲府总数	关中所占	本据
五九四		《唐六典》(《旧唐书·职官志》同)
八百余	五百余	陆贽《陆宣公奏议》
五九三		杜佑《通典·州郡》

[1] 《新唐书·兵志》称"五百里为五番,千里七番,一千五百里八番",为求省字,读来不如《六典》之明白。《志》又称"二千里十番,外为十二番,皆一月上",又与《六典》不同。番犹轮也,《水部式》:"都水监渔师二百五十人;其中长上十人,随驾东都。短番一百廿人出虢州,明资一百廿人出房州,各分为四番上下,每番送卅人。"由此知"四番"就是分作四人一组而互轮,"五番"是分作五人一组而互轮,余可类推。

[2] 胡禄,盛矢之器,突厥语作qurluq。觿,解结锥。行縢,即裹腿。镬,大锄。碓,舂具也。

[3] 《唐会要》七二作六十万,杜牧只称四十万人。

（续表）

五七四		同上《职官》（又《杜牧集》）
五九三		杜佑《理道要诀》
六三〇		李繁《邺侯家传》
通计旧府 六三三	二百六十一（据《困学纪闻》引，其余二八〇，合计五四一）	《唐会要》
六三四	二百六十一	《新唐书·兵志》
六三三		同上《百官志》

（乙）十道折冲府数目表[1]

道名	《玉海》一三八据《新唐书·地理志》统计数	谷霁光研究所得数[1]
关内	（延州新置二府除外）二七三	二八八
河东	一四一	一六三
河南	六二	七四
河北	三〇	四六
陇右	二九	三七
山南	一〇	一四
剑南	一〇	一三
淮南	六	一〇
岭南	三	六
江南	二	五
合计	五六六	六五六

---

[1] 《西魏北周和隋唐间的府兵》九二页。

先看（甲）表，六三三与六三四只差一，六三〇乃举其大数，故最末四项，可谓完全相同，是为（a）组。最异者，陆贽之八百余，"八"得为"六"之讹，与（a）组数相近，唯贽称关中占五百余，显属传闻之误。"七""九"字相类，易于互讹，《通典》系同一人所著书而两篇数目互异，可信"五七四"应正作"五九四"，与杜佑别著《理道要诀》之"五九三"只差一，故除去陆贽条，前四项亦可谓完全相同，是为（b）组。依此，则八项数目，得简化为（b）五九四、（a）六三三两项，其互异之故，可于《唐会要》"通计旧府六百三十三"句觇之；盖六三三本连计旧有之数，后来废者已多，只存五四一，乃据时代较后之记录也[1]。何焯谓计数"似当以《六典》为据"，则未知《六典》是开元末史料，故府数比最初（六三三）时少，而比较后之《唐会要》（五四一）为多。若《新唐书·地理志》所记各道总数只五六六（列出之府名又仅得四四八），其所据残缺材料，必在《六典》之

---

[1] 滨口重国曾指出折冲府数系随时增益，见《禹贡》四卷一期谷霁光引《史学杂志》二〇卷《从府兵制至新兵制》。谷氏《唐折冲府考校补》以为各书所记府数互异，系因材料及时代先后之不同，依我个人研究结果，正与彼不期而合。但彼谓时代越后则增设之府越多，却与事实相反；高、武以后，府兵制日趋破坏，府数只有比前越少，焉有反而增加之理。《唐会要》所谓关中府二百六十一，其余二百八十，合计五百四十一（此据《困学纪闻》所引，今本《唐会要》有脱误）者，即是修《唐会要》时所有之数，通计旧府六百三十三者，即是连已废之旧府计之。可见时代愈前，府数愈多。谷氏对《唐会要》之文，不能深入了解，故结论适得其反。至《新唐书·兵志》及《新唐书·百官志》所记，只抄自唐代史料，又不能以时代为衡也。

后,《唐会要》之前(苏冕初修《唐会要》在唐德宗时),故又与他数不相合。近世劳经原父子《折冲府考》补府名一〇九(据罗振玉),罗振玉《府考补》及《拾遗》又增六九,合诸《新唐书·地志》府名四四八,已得府名六二六,谷霁光《唐折冲府考校补》谓已知各道府名五八一,未知应属某道者四九,两项合计六三〇,可证"六三三"之数,最近于事实。(乙)表之六五六,固许有重复错误,杂于其间。

武后以后,府兵法寖坏,卫佐以之给姻戚之家,为僮仆执役,京师人相诋訾者即呼曰侍官(《家传》)。其家又不免征徭,番役更代,亦多不时,遂渐逃匿,宿卫不能给(《唐会要》七二及《新唐书·兵志》)。元深(渊)称北魏镇兵之坏云:"自非得罪当世,莫肯与之为伍,征镇驱使,但为虞候、白直,一生推迁,不过军主。"(《魏书》一八)"役同厮养",事虽隔世,覆辙相同。先天二年(713年),曾令卫士取年二十五以上者充,十五年即放出[1],频经征镇者十年放出(同上《唐会要》),竟不实行。开元十一年(723年),张说为兵部尚书,因简京兆、蒲、同、岐、华等州府兵及白丁共十二万人,号曰长从宿卫,一岁两番,令州县毋得杂役使。十三年,更名彍骑,分隶十二卫为六番,皆免征镇赋役。天宝时,彍骑法又稍变废。八载,折冲诸府至无兵可交,此后

---

[1]《新唐书·兵志》作"五十而免",与《唐会要》所言相差十年(依《唐会要》则四十而免),如依《新唐书·兵志》,则需廿五年而后放出,比之十年放出者亦差额太大,似以《唐会要》为可信。

但存官吏、兵额而已（《唐会要》及《新唐书·兵志》）。

根据前文来分析，我对唐之府兵，得到如下五点结论：

（一）府兵不是普遍的征兵。普遍征兵说发自何兹全[1]，其不能成立，理甚浅显；果为普遍征兵，关内之府数断不至五六十倍于岭南、江南之府数也（见乙表）。陈氏《略论稿》又引《通典》六龙朔三年七月制："卫士八等以下，每年五十八放令出军，仍免庸调"（陈引误为"每年放还，令出军"），谓八等指户籍等第，"然则此制与其初期仅籍六等以上豪户者不同，即此制已推广及于设置军府地域内全部人民之确证也"[2]。按"六户"非六等以上户，已辨见前节；府兵之家既不免征徭，自然有户等之别，从何见得府兵制普及于军府地域内之全部人民？且全部人民包含各种阶级，就让一步而言，只能证为"兵民合一"，不能证为"兵农合一"，一言以折之，无论普及全国或军府地域，都不致弄到无兵可交之地步。

（二）府兵之主要任务为宿卫。武后时岁旱，兵当番上者不能上，苏瑰奏宿卫不可阙（《新唐书》一二五）。《家传》言诸卫将军称番上府兵为侍官，言侍卫天子也，又府兵为卫士，神策等为禁军。《新唐书·兵志》云："其番上者，宿卫而已。"谷氏撰文亦称："当日军备中，至少府兵一项，最重宿卫一点。"[3]再从其

---

[1] 何云"直到隋代统一南北，才又为普遍的征兵所代替"（《史语所集刊》十六本二四四页），当指府兵而言，但唐之府兵，承自隋代，是彼认唐府兵为普遍征兵也。

[2] 《隋唐制度渊源略论稿》一五三页。

[3] 《西魏北周和隋唐间的府兵》九七页。

隶属观之，左右卫领武安等五十府[1]，威卫领宜阳等五十府，骁骑卫领永固等四十九府，武卫领凤亭等四十九府，领军卫领万年、万敌等六十府，金吾卫领同轨、宝图等五十府，太子卫率领广济等五府，司御兵率领郊城等三府，清道率领绛邑等三府[2]，此十二卫之职掌为宫禁宿卫。又从其后身观之，骥骑初名长从宿卫，分隶十二卫为六番，职务仍是宫禁宿卫。夫府兵原日所隶者及后来代之而起者均以警卫为主要任务，府兵不应独异，于理甚明，《唐律疏议》二八云："卫士于宫城外守卫，或于京城诸司守当，或被配于王府上番"，可为之证。若夫调拨征镇，事属偶然，故《唐律》分为卫士或征人（《疏议》一六："征人谓非卫士，临时募行者"），军名或征名（同上："军名先定，谓卫士之徒"，同上二八："名属军府者，总是有军名"，又"征名已定，谓卫士及募人征名已定讫"），科罪有轻重之别，由此，更可见府兵之非普遍征兵制。

（三）府兵不是兵农合一。《疏议》一六云："《春秋》之义，春蒐、夏苗、秋狝、冬狩，皆因农隙以讲大事，即今校阅是也。"只是援引古义以缘饰今制。自《家传》呆读旧文，有"郡

---

[1]《旧唐书·职官志》称武安、武成。

[2] 据《玉海》一三八引《六典》。谷氏云："所领府数共仅三一九，疑后来增加之数未列入。"（九七页）余按《家传》云："左右卫各领府六十，余卫领府自五十下至四十七，东宫六率领多至六少至三而已"（《新唐书·兵志》本之，但文有错误），数目虽比《六典》略异，但曰"各领"，则左右卫合领之数应为一百二十，余卫准此，申言之，《六典》所记实为三一九之两倍，即六三八，与（甲）表六三四相差只四府，是知谷氏所疑不确。

守农隙教试阅"之言，《新唐书·兵志》更坐实其"居无事时耕于野"，遂造成兵农合一之长期误解。按《疏议》，征人冒名相代者罪在里正、县典、州典等，卫士以上冒名者罪在队正以至折冲，系统厘然，顾陈氏仍信《家传》所言为唐制[1]，则未知折冲上隶诸卫，非郡守权力所及。况（1）侍官同于清之"侍卫"，在乡居缙绅之列，安知其下番之后，全事耕农；唐制明言拣自六品以下子孙，尤见府兵之选，多来自士族，焉得谓之农？（2）农民系于田，离田则无以自活，不易亡匿；即稍有逃避，兵源窘乏，亦断不至达到"宿卫不能给"之地步。（3）府兵制之坏，"番上者贫羸受顾而来"（《家传》），农民常贫农居多，岂易有力雇人代替？陈氏《略论稿》又引《贞观政要》二，简点使封德彝等欲中男十八以上简点入军，魏徵执不可，且云："若次男以上尽点入军，租赋杂徭将何取给？"以为从租赋一语推之，"则当日人民未充卫士时亦须担负租赋杂徭之义务，是一人之身兼充兵务农之二业也，岂非唐代府兵制兵农合一之明证乎？"[2]按唐制，贵族及士农工商阶级均可受田，唯自耕或否则非政府所过问，有受田之权利，自然有纳租赋之义务，故点府兵之家不见得定是农家，尤其纳租赋之家更不尽是农家。如谓未充府兵时须纳租赋便是兵农合一，论理上太说不过去。此外有须附带说明者，唐制中丁为户主者可受永业田，杂徭中又或指定以中男充当，故魏徵有从何取给之驳诘。总言之，叶适

---

[1]　《隋唐制度渊源略论稿》九八页。

[2]　同上书一五三页。

谓府兵为"兵农各籍，不相牵缀"，大体上无可非难。

（四）府兵在原则上为世兵的征兵制。唐代最初之府兵，似有一部分接受自隋朝，有一部分是太原元从（据《家传》："太原从义之师，愿留宿卫为心膂不归者六万，于渭北白渠之下，七县绝户膏腴之地，分给义师家为永业"，又"元从军老及缺，必取其家子弟、乡亲代之，谓之父子军"），观于成立彍骑时加入潞州元从（《新唐书·兵志》），固可互证。但当扩充过程中，亦似尝于指定区域采取拣选征充方法（如《文苑英华》四六四载天授二年增设郑、汴、许各八府，汝二府，卫五府），但一经拣定，仍为世户。换言之，州内住有此项世兵者便为军府州，凡军府州地域都可适用乡亲递补的条件，其立法颇与清世八旗兵相类[1]。唯其如此，然后唐代各道军府数目何以互相悬绝，同一道内之军府分布何以疏密迥殊，突厥、吐蕃入寇之冲途何以毫无布置，方可豁然明白。盖（1）开皇十年勒军人属县籍，此辈须供职长安，除关内，必多改属较近之河东、河南二道。（2）太原从义之师必多原籍河东，故河东道军府数反居河南道之上。后人不明其故，于是陆贽疏以为军府八百而关中占五百，乃太宗居重驭轻之意，《唐会要》谓"关内

---

[1] 谷氏文云："清代也有人把八旗兵制相当于府兵"（一一三页），此一观点并不错误。又云："凡有军府的州，人民便有充当府兵的义务，也便是人人有充当府兵的可能"（一〇五页），亦能得其一体。由是，吾人对于贞观时崔善为表所云，"丁壮之人，悉入军府，若听移转，便出关外"（《册府元龟》四八六），又李峤表云，"今之议者或不达于变通，以为军府之地，户不可移"（《全唐文》二四六），便晓然其意义所在，不致误会为普遍征兵之史料矣。

置府二百六十一，精兵士二十六万，举关中之众以临四方"（《玉海》一三八引），《十七史商榷》七九谓"京兆郡多至府百三十一者，以其为京师也。河南郡则三十九稍多，以其为陪京也"，近人谷氏更推波助澜[1]，都不足深辨。至于《唐会要》称，"河北之地，人多壮勇，故不置府"（《玉海》引），《家传》又称，"玄宗时奚、契丹两蕃强盛数寇，河北诸州不置府兵番上，以备两蕃"[2]，对河北不置府，解说各异[3]。按兵取强悍，古今通则，前说之妄，不辨而明。河北诸府是否玄宗时全废，现无确证，但改骥骑前宿卫已不给，各道之府同为若有若无，不独河北然矣。王夫之《读通鉴论》二二云："唐之府兵，世著于伍，垂及百年而违其材质，强使即戎。"认府兵为世兵，固不自我始。

（五）府兵是游牧社会的落后兵制。充兵者要自备许多物资，

---

[1] 如谓府兵"领域大小，与户口多少也有关系……再则兵府分布的疏密，可以看出当日军事布置的大概情形"（九一页），又"设府的条件，不独是注重政治中心地带，而且是按着地方形势来定府额多寡的"（九二页），据其分析观之，实难成立。

[2] 此一条意义本是说，河北如多置军府，则其人须赴京师番上，结果会弄成当地兵源缺乏，故玄宗时不于河北置府。谷氏文却误解为"河北道兵府，是元（应作玄）宗防御奚、契丹增加的"（九一页），与原文恰相背驰。谷之误会似因陆贽疏有"禄山乘北重之势，一举而覆两京"二语，然禄山所恃者边兵，陆贽之"北重"，非指府兵而言。

[3] 《旧唐书·韦待价传》，永徽中为卢龙府果毅，又《乐恭墓志》，永徽中为丹水府折冲，谷氏以为河北不置军府是贞观时事，谅未必确。复次，此怀州丹水府于开元十一年改为怀仁府，太极元年《石浮图颂》著录易州石亭府左果毅，先天元年《杨乾绪碑》著录幽州开福府折冲，合而观之，贞观末至开元中一个时期，河北地方断然有折冲府之设。贞观末以前，如能详细考证，情形恐亦相同。

以现在眼光看之，颇觉可怪，而不知游牧部落皆如是也。俞正燮之《作丘甲[1]义》云："古足兵皆在民间，《费誓》：'敿乃甲胄，敿乃干''备乃弓矢，锻乃戈矛，砺乃锋刃'，官不与也。《周礼》：师田军旅，族师'简其兵器'，县师'使皆备旗鼓兵器'，是皆在民也[2]。……秦始皇收天下兵器……亦六国民兵。"[3]盖春秋至战国期间，我族尚未脱离游牧兵制。府兵昉自鲜卑，故后来契丹、蒙古，大致与之相同[4]，朱礼云："当唐盛时，天下户口八百余万，而府兵四十万，皆自食其力，不赋于民。凡民之租调以奉公上者二十分之十九，其一为兵，是以国富、民裕，亦不失其兵强也。田制既坏，府兵亦废，而唐常有养兵之困。"（《事笺》后集七）甚至西域人志费尼（Djouvéini）对于蒙古战士不特无饷，且每年还有定额献纳，亦极致钦慕[5]。然而环境不同，方法就未必能抄袭，《魏书·燕凤传》称："军无辎重樵爨之苦，轻行速捷，因敌取资，此南方所以疲弊，北方所以常胜也。"北族战胜后准其军队掳掠，俘虏又得配给，反纳殊不为苛；我国文化前进，以秋毫无

---

[1] 据《左氏师说》，作丘甲系使丘出甸马四，牛十二，甲士三，徒七十二人。

[2] 《周礼》虽不尽实施之制度，但仍可反映当时现实。

[3] "兵"字作军器解。

[4] 详说参拙著《契丹的打草谷制度》（1951年4月24日香港《大公报·新史学》）。又伯恩斯坦亦言突厥之"黑民（kara-budun）还须自备兵器马匹，服务战役，而大部分战争掳掠品都须呈献伯克。掳掠战争在游牧经济中占有重要的地位。"（《科学通报》一卷八期五三三页引）

[5] 冯译《多桑蒙古史》上一五六页。

犯为口号，岂能适应？若徒因府兵可省度支，不从整个制度做深入之分析，此与保守派之空想唐虞三代，曾何以异。其次，漠北人惯于马上生活，倏忽百里，内地则交通匪易，旅费不资，"多惮劬劳，咸欲避匿"（先天二年诏），朱礼云："其余隶他道者其隔远又何如……武后时，兵当番上者以贫不能致，则其远，故败吾法也。"（《事笺》七）又《文献通考》一五一引章氏云："唐以远近分番，皆以一月，恐太纷扰……又唐在二千里外者亦不免，此法所以坏也。"[1]府兵之不适合于住国，番上尤其要因，制度本身确自有内在的矛盾，不复能继续维持下去。或误为吐蕃强盛促使府兵崩溃，则须知府兵之主要任务，在宿卫不在守边，统治者不可一日无宿卫以自固，故府兵去而彍骑立，彍骑废而禁军起，改变者只兵源及其组织，初非直接受吐蕃侵略之影响。

经此分析，唐代府兵之渊源，可以下一断论：即西魏、北齐同昉自鲜卑（北魏），历周、隋以传于唐，是也。陈氏《隋唐制度渊源略论稿》大致主张隋、唐制度承北齐不承北周，论兵制时亦不能扫除成见，一方面谓"后世史家以隋唐继承（西）魏、周之遗业，遂不能辨析名实真伪，往往于李唐之法制误认为（西）魏、周之遗

---

[1] 《六典》五"凡诸卫及率府三卫贯京兆、河南、蒲、同、华、岐、陕、怀、汝、郑等州，皆令番上，余州皆纳资而已"，本指亲、勋、翊三卫，谷氏引《唐大诏令》四天宝三年制，却疑纳资之法，后来推及于府兵。按天宝三年制并未说出府兵，且《六典》以开元廿五年成书，其时府兵已废，焉能有后来"推及"，此忽略历史时间性之误。

物，如府兵制即其一例"[1]，另一方面又谓"后期府兵之制全部兵农合一，实于齐制始见诸明文"[2]。按所谓"明文"系指河清三年（564年）令，男子"率以十八受田，输租调，二十充兵，六十免力役，六十六退田，免租调"（《隋书》二四），宋陈傅良《历代兵制》五据之以为府兵法之始基。按"兵"字可训作"民丁"，"力役"与"军人"异，令文绝未提及"出军"，傅良实误将赋役令与军役令混而为一[3]，明乎此，则齐制兵农合一之说完全失其根据；未见有异于西魏之制矣。

由是言之，府兵之属，如仍代列缙绅，自可雇人替上，如其沦为破落，又易逃亡[4]，直至"侍官"恶詈，视若畏途，府兵已达到不能不变之境地，王夫之云："府兵者，犹之乎无兵也"，确一语破的。虽然，隋、唐保留此制，亦自有其用意。文官迁转，出途许多，武员则诸卫军将各有定额，容纳无几，贞观承奠定之余，前在战阵立功者如任其置散投闲，一则无以示奖劝，二又不足备警急。上府折冲都尉正四品上，果毅从五品下，别将正七品下，中下府以次递降，其余校尉、旅帅、队正、队副亦是品官，皆储材之选，升转之阶，府兵废而官吏仍不废，读史者可以悟矣。

---

[1] 《隋唐制度渊源略论稿》二页。

[2] 同上书一三八页。

[3] 谷氏文亦犯此弊，今不详辨。

[4] 同前引何兹全文以战死、逃亡、私家分割及军户解放为世兵数量减少之原因（二五〇—二五二页）。

随废府兵而连带引起者尚有募兵、边兵两个问题,今请先论募兵。

征兵与力役同一性质,同出于原始社会[1],后世乃有志愿募兵,两者孰利,为争讼未决之问题,或又主寓兵于屯(今军队协助生产,即其遗意之变通)。世无久远不弊之制,是在乎随时刷新。《荀子·议兵》:"故人主欲得善射,射远中微者,县贵爵重赏以招致之。"首见选募之法(即职业兵),汉武帝以后常行之[2]。入唐则贞观十八年发天下甲士招募十万,并趣平壤,以伐高丽(《旧唐书·本纪》三)。太宗对群臣曰:"朕今征高丽,皆取愿行者,募十得百,募百得千。"(《资治通鉴》一九七)龙朔元年(661年),于河南、河北、淮南六十七州,募得四万四千余人,往平壤带方(《资治通鉴》作镂方)道行营(《旧唐书·本纪》四)。

---

[1] 伯恩斯坦曾指出,突厥族"加在黑民身上的兵役便是一种封建义务"(据《科学通报》一卷八期五三三页引),此一事自当分别言之。早在原始社会时期,每一个团体已有防备暴兽或敌寇侵犯之必要,故各人尤其是成年及壮年的都须担任防御的职务。到后来知识渐进,从事分工,服兵之役乃专移于男子。再进一步阶级形成,选派之权,操于酋长。不过在游牧社会内,无论突厥或蒙古,充兵之义务,即贵族亦不能幸免。如错认为兵役到封建社会方始成立,则与社会发展之途径,不尽相合也。

[2] 《汉书》所记,如时有欲从军者辄诣长安(《汉书》四四《淮南王安传》);元封二年(前109年),杨仆、荀彘将应募罪人击朝鲜(《武帝纪》);始元元年(前86年),遣吕破胡募吏民击益州(《昭帝纪》);神爵元年(前61年),发应募佽飞、射士等击西羌(《宣帝纪》);留弛刑,应募及淮阳、汝南步兵(六九《赵充国传》);家贫自奋募(七〇《常惠传》);复发募士万人(七九《冯奉世传》)。都是选募之例。

咸亨三年正月，发梁、益等十八州兵募五千三百人往姚州击叛蛮（《旧唐书·本纪》五）。《唐律》亦早有"征人"之规定。据是观察，知封建时代，常不得不兼用募法；盖人口既多，如普遍征兵，国家无需此巨大之军备，抑亦费用太大，官吏又易因缘为奸，不如招募之便利也。谷氏以为府兵之利在众强长久，"募兵的弊病甚多，兵的分子不良，亦其一种。府兵得免此弊。（一）简点丁壮，须验才力。（二）入籍以后，不得改业。（三）农隙工余，须行自习，府有冬试，番上有校阅。（四）后备丁壮增多，可养成全国皆兵而无以兵为职业的风气"[1]。其实募兵亦可挑选。一、二两点，并不见得募兵弗如府兵，以言操练，则职业兵更优为之，谷氏所提，未足以判二者之优劣。

邓广铭在其《试谈唐末的农民起义》一文[2]，追论彍骑之招募，又以为开元时失业农民已非常众多，将要纠合起来，打击李唐统治，"李唐政府当局在这一可能还只是一种可能而尚未成为事实的时候，先已体察出这危机，便把军事制度做了一番改变，诱使逋逃之人，争来应募"。吾人试回头一看，宿卫不给，除招募有何救急之法？又再往后一看，安史之乱，曾引不起农民大起义，是知如此分析之尚难成立也。

---

[1] 《西魏北周和隋唐间的府兵》一一五——一一六页。此外尚提"居重驭轻""兵农不分"二点，已辨见前文。

[2] 一九五二年一〇月一七日《进步日报·史学周刊》一九期。

武宗之攘外安内

/ 岑 仲 勉 /

（一）攘外者逐回纥也。回纥自太和公主出降后，国更三主。开成末，其酋帅与黠戛斯合兵，攻杀可汗，诸部溃散，或奔葛逻禄，或入北庭（时属吐蕃，《新唐书》作安西，非也），唯乌介特勤一部劫公主南来，请假振武以居。武宗听李德裕言，弗欲乘人之危，遣使资以粮二万石，但不允借振武（会昌元）。别有嗢没斯（Ormuzd）特勤一支，于开成五年先至塞上，率二千六百余人来降，特命德裕哀集秦、汉以后外国归化建立功业者三十人，作《异域归忠传》赐之，并赐姓名曰李思忠。

乌介本军渐逼把头烽（马戴诗作爬头，经余证为今之包头）[1]，掠横水，杀戮至多。唐廷对付之法，议论不一，德裕援元

---

[1]　《中大史学专刊》二卷一期一四五页拙著《李德裕会昌伐叛集编证》上。

和中讨王承宗、李师道，长庆中讨李齐（宣武留后）例，请令公卿集议。奈两次议覆之状，词意空洞，不切事势，于是授刘沔为招抚回纥使，张仲武为东面招抚回纥使，相机驱逐，兼令番将何清朝、契苾统领沙陀、退浑马军六千人助讨（会昌二年九月）。既而沔破回纥于大同军之杀胡山，迎太和公主回京，乌介走依黑车子室韦（会昌三年）。其别支那颉啜特勤，先已东逼幽州，为仲武所破（约二年七月），共招降三万人。乌介旋为室韦所杀，余部被黠戛斯收去。走北庭者，后来逾天山取西州，今吐鲁番一带之维吾尔，即其遗裔[1]。

　　黠戛斯之源流，有加以详述之必要。其族在汉为坚昆或鬲昆，北周曰契骨，隋曰纥骨，初唐曰结骨，会昌时或翻作纥扢斯，元时常称吉利吉思或乞儿吉思，即前清布鲁特之一，今人亦译柯尔克孜，乃极古民族之一。自太宗之后，高宗世再来朝。景龙中，遣使献方物，中宗引使者劳之曰，而国与我同宗，非它番比。玄宗世凡四朝献。肃宗乾元初，为回纥所破，遂被隔绝（《新唐书》二一七上下及《旧唐书》一九五）。元和时，回纥保义可汗再败之，杀其可汗。至开成末，始将漠北回纥逐走，遣使奉太和公主回，中途为乌介劫去。德裕代武宗《与纥扢斯可汗书》云："闻可汗受氏之源，与我同族。汉北平太守材气，天下无双……至嫡孙都尉提精卒五千，深入大漠……我国家承北平太守之后，可汗又是

---

[1] 此有元人文字可据，今闻维吾尔人多不认为回纥之裔，未审其故。

都尉苗裔。"又云："但以惜可汗宗盟之国，愿保先名……便以坚昆为国，施于册命，更加美号，以表懿亲。""须示邻壤情深，宗盟义重。"(《会昌一品集》六)直视黠戛斯为李陵之裔。余尝谓外族华化，近年研究者颇不乏人，独华族番化，尚少人详考[1]。开元年，安西都护盖（汤）嘉惠《西域记》云："坚昆国人皆赤发、绿睛，其有黑发、黑睛者，则李陵之后。"(《唐会要》一〇〇)《酉阳杂俎》四云："其髭、髯俱黑者，汉将李陵及其兵众之胤也。"又《元史》六三《地理志》云："吉利吉思者，初以汉地女四十人，与乌斯之男结婚，取此义以名其地。"按突厥语qïrq此云"四十"，苏俄学者Czaplicka一九一八年著书，亦言北方有此传说[2]。考汉世匈奴屡次入寇，俘虏至多，此等俘虏在漠北曾构成若干突、汉混种（匈奴应为突厥族，别有说），自无可疑。然汉已见坚昆之名（伯希和以为坚昆即qïrqïz之单数音译），然则上项传说，应发生于汉前，谈民族学者所宜注意之点也。近年苏俄革命后，其居住叶尼塞河（Yenisei）之部分，特取我国旧译黠戛斯（Khahes'，今哈卡斯自治省）以自称（《回教百科全书》九〇七页，苏俄学者巴尔托勒说），而我国人则鲜有知者[3]。

　　黠戛斯平回纥后，初时不留居其地。咸通四年（863年）曾遣合伊难支表求经籍，并拟每年走马请历。又欲讨回纥，使安西以

---

[1] 拙著有《卫拉特即卫律说》，见金大《边疆研究论丛》。
[2] 《历史上及现在之中亚突厥人》四八页注一。
[3] 参《东方杂志》四一卷二号，拙著《从人种学看天山南北之民族》之柯尔克子条。

来悉归唐，唐未之许（《资治通鉴》二五〇）。七年，遣将军乙支连岁入贡，派鞍马迎册立使及请明年历日（同上）。中和二年（882年）与高骈诏云："黠戛、善阐，并至梯航"（《旧唐书》一八二）。又大顺元年（890年），云州赫连铎引其众数万攻遮虏军（《资治通鉴》二五八）[1]。同年韦昭度等亦有"黠戛斯举勤王之众"语（《旧唐书》二〇上）。自是以还，直迄蒙古崛起（十二世纪末），漠北情况只于辽太祖西征（十世纪初）及宋王延德使高昌（十世纪末）两事略见之，各部落如何转徙，殊不明了。

（二）安内者平泽潞也。回纥甫定，复有泽潞继帅问题：会昌三年四月，刘从谏死，其侄稹秘不发丧，觊觎真授，朝臣多以回纥尚存余烬，请任稹权知军事。德裕独谓泽潞近处心腹，与河北三镇不同，向无承袭，敬宗不恤国务，以从谏继悟，今如再授稹，诸镇谁不思仿效。稹所恃唯在三镇，如得镇、魏不与之同，稹无能为矣。武宗从之，使谕镇帅王元逵、魏帅何弘敬，二人皆听命，于是制削从谏及稹官爵，分命元逵为北面招讨，弘敬为南面招讨，与河中陈夷行、河东刘沔、河阳王茂元合力进攻。弘敬迟疑不出师，乃令忠武（陈许）王宰选步骑精兵自相、魏趣磁州以胁弘敬。时稹将迫近怀州，议者鼎沸，谓刘悟有功（斩李师道），不可绝其嗣，从谏又养精兵十万，如何可取？德裕劝帝勿听外议，传谕朝士，有沮议者斩之，众喙乃息。更令王宰改援河阳，使石雄代李彦佐为晋

---

[1] 原作"吐蕃黠戛斯"，实"北蕃"之误。

绛行营节度使，互相钤制。翌年八月，稹内部不和，邢、洺、磁三州相继降，未几，稹亦为部下所杀，泽、潞等五州平。宋孙甫《唐史论断》下云："上党拒命，举朝惧生事，不欲用兵，德裕料其事势，奏遣使魏、镇，先破声援之谋，且委征讨之任。魏帅迁延其役，使王宰领师，直趋磁州，据魏之右。魏帅惧，全军以出，又以王宰必有顾望，令刘沔领军直抵万善（怀州），示代宰之势，宰即时进兵……此皆独任其策。不与诸将同谋，大得制御将帅用兵必胜之术。"又范祖禹《唐鉴》二〇云："李德裕以一相而制御三镇，如运之掌，使武宗享国长久，天下岂有不平者乎。"

此两役之所以成功，皆由武宗能专信德裕，不为浮议所摇惑。德裕以为自德宗后，将帅出兵屡败，其弊有三：（一）诏令下军前，日有三四，宰相多不与闻；（二）监军各以意指军事，将帅不得专进退；（三）监使选军中骁勇数百为牙队，参战者皆怯弱之士，每战，监使乘高立马，自有信旗，视军势小却，辄引旗先走，余卒相随而溃。因与枢密使约，监军不得与军政，每军千人，听取十人自卫，有功随例沾赏；凡回纥、泽潞两役，皆用此制，自非中书进诏意，更无他诏自中出，故能成其功。毛凤枝评云："每见赞皇之料事明决，号令整齐，其才不在诸葛下。"（《关中金石文字存逸考》九）余谓学者能细读《李文饶文集》之条议诸作，当助长辨事见识不少。

以短短四年期间而解决两项困难问题，成功之速，为天宝乱后所仅见。此外武宗朝尚有可记之两事。

（一）淘汰僧尼。据开元末年统计，全国共有寺五千三百五十八所，内僧三千二百四（或三）十五所，尼二千一百一（或二）十三所（《六典》四）。天宝八年闰六月册尊号，度僧尼十二万人（《沙州文录补》）。自元和二年后，累诏各州府不得私度僧尼，敬宗时徐使王智兴在泗州置坛，江淮人闻之，意在规避征徭，影庇资产，趋之若鹜，浙西李德裕奏，如不特禁，江淮已南，将失却六十万丁壮（《旧唐书》一七四）。太和九年七月，亦诏不得度人为僧尼（《旧唐书》一七下）。及武宗即位，益恶僧尼蠹国，会昌四年三月，先敕代州五台山及泗州普光王寺并不许置供、巡礼（《入唐求法巡礼行记》四）。同年七月，再下诏力陈释教之弊，毁寺四千六百余区，招提、兰若（aranya，皆私立寺之称）[1]四万余区，勒归俗僧尼廿六万五百人，大秦穆护祆僧二千余人，收良田数十万顷，奴婢十五万人，比北魏更为彻底。此事虽说道士赵归真等曾与推动，然取寺材葺公廨、驿舍，取铜像、钟磬铸钱，于国计民生，大有裨益。孙樵云："民瘼其瘳，国用有加"，允为笃论。宣宗务反武皇所为，诏营废寺，自即位至于大中五年，斤斧之声不绝，樵奏称中户不十，不足以活一髡（《孙可之集》五及六），盖有痛乎其言之者。

（二）裁抑宦寺。武宗虽为仇士良拥立，然颇裁抑之；会昌二年将宣敕，或告士良宰相作敕书，欲减禁军衣粮、马草料。士良

---

[1] 《西域记》五作练若，林也，故后世又称禅林，若音惹。

曰："必若有此，军人须至楼前作闹。"德裕等诉于上。上曰："奸人之词也。"召两军中尉谕之曰："敕书出自朕意，不由宰相，况未施行，公等安得此言？"士良惶恐称谢。翌年，士良遂出官归第，又明年，追削其授赠官阶，家财籍没。使非武宗消弭未然，何难重演甘露之变，此一事也。旧例，宣学士草制，必经枢密使，时枢密使刘行深、杨钦义皆愿悫，不敢预事，故三年崔铉之相，枢密不知。老宦官尤之曰："此由刘、杨懦怯，堕败旧风故也。"合前文德裕与枢密约法观之，便见武宗尚能慎选其人，此二事也。会昌五年四月初，敕索左右神策军印（《入唐求法巡礼行记》四），此三事也。蓝氏顾谓"不见有任何抑制"（五五页），未免疏于考史。

专制君主所不能必得者为寿命，故佛教玄想之涅槃，终不敌道家长生之金丹。宪宗饵柳泌之药而遇弑，穆、武、宣均以饵丹而促寿（穆年三十，武三十二，宣五十），覆辙相寻，曾不少悟。武宗御宇仅逾六载，此后唐事益无可为矣。

肃代到穆宗时候的藩镇

/ 吕思勉 /

安史败后,其所署置的诸将皆来降。唐朝用姑息政策,仍旧把原有的地方,给他做节度使。于是,薛嵩据相卫(军名昭义,治相州,如今河南的安阳县。薛嵩死后,弟崿立,为田承嗣所并);李宝臣据恒赵(军名成德,治恒州,如今直隶的正定县);田承嗣据魏博(军名天雄,治魏州,如今直隶的清丰县);李怀仙据范阳(军名卢龙。怀仙为兵马使宋希彩所杀,希彩又给手下人杀掉。推朱泚为节度。朱泚入朝,以弟滔知留后);李正己据淄青(军名平益,治青州,如今山东的益都县),各缮甲兵,擅赋税,相约以土地传子孙,而山南东道梁崇义(治襄州,如今湖北的襄阳县)、淮西李希烈(治蔡州,如今河南的汝南县),也和他们互通声气。

肃代两世是专取姑息政策的。德宗立,颇思振作。781年,李宝臣死，子维岳请袭，不许。维岳就和田承嗣的侄儿悦及李正己，连兵拒命。梁崇义也趁势造反。德宗派河东节度使马燧、神策兵马使李晟，打破田悦。李希烈讨平梁崇义。幽州朱滔也发兵助官军，攻破李维岳。维岳之将王武俊，杀维岳以降。事已指日可定了。而朱滔王武俊怨赏薄，反助田悦。李希烈也反于淮西。于是弄得兵连祸结。783年，发泾原军（治泾州，如今甘肃的泾川县）讨李希烈。打从京城过，兵士心上，以为必有厚赏，谁知一点没有，而且吃局又坏。军士大怒，作乱。德宗出奔奉天（如今陕西的乾县）。乱军奉朱泚为主，进攻奉天。幸得浑瑊力战，河中节度（治蒲州，如今山西的永济市）李怀光也举兵入援，朱泚方才解围。德宗所用的宰相卢杞是奸邪的，舆论都不以为然。怀光既解奉天之围，就奏参卢杞的罪恶。德宗不得已，把卢杞贬斥，然而心实不以为然。怀光一想，这件事做得冒昧了。就也索性造反，和朱泚合兵。德宗不得已，再逃到梁州（如今陕西的南郑区）。这时候，真是势穷力尽了。于是用陆贽的计策，"下诏罪己"，赦了李希烈、田悦、朱滔、李纳（李正己的儿子）、王武俊，专讨朱泚。总算把长安收复，河中也打平，然而山东的事情，就到底虎头蛇尾了。

德宗从奉天还京后，一味信任宦官，注意聚敛，山东的事情自然无心再管。传了个顺宗，只做了一年皇帝，就传位于宪宗。宪宗即位后，倒居然暂时振作。先是田承嗣死后，传位于侄儿田悦。承嗣的儿子田绪，杀而代之，传位于兄弟季安。季安死后，儿子怀谏幼弱，军中推裨将田季兴为主，请命于朝。宪宗的宰相李绛劝宪宗因而授之，而且厚赐其军。军士都欢欣鼓舞。于是魏、博一镇，归心朝廷。而淮西吴元济（李希烈虽蒙朝廷赦罪，旋为其手下的将陈仙奇所杀。希烈的爱将吴少诚，又杀掉陈仙奇，替希烈报仇，朝廷弗能讨。少诚死后，牙将吴少阳，杀掉他的儿子而自立。传子元济，不但不奉朝令，还要出兵寇掠）最为悖逆。平卢李师道（李纳传子师古，师古传弟师道）、成德王承宗（王武俊传子士真，士真传子承宗）都和他互相勾结。宪宗发兵讨吴元济，淮西兵既精，而境内又处处筑有栅垒，难攻易守。从814年用兵，到817年，还不能克。李师道屡次代元济请赦，宪宗不许。师道就派奸细焚毁河阴转运院军储，刺杀宰相武元衡，又刺伤裴度的头。裴度仍坚主用兵，而且请自往督师。这一年十月里，唐邓节度使李愬，用降将的计策，乘雪夜袭入蒲州。执吴元济，送到京师，杀掉。明年，发诸道兵讨平李师道。卢龙节度使刘总，本以弑父自立（朱滔死，军中推刘怦为留后。传子济，济子总，弑而代之），心常不安。及是就弃官为僧。王承宗死后，他的兄弟承元，也束身归朝，肃代以后的藩镇，到此居然削平了。

然而820年，宪宗就死了。穆宗立，恣意声色，不问政事。宰相萧俛、段文昌又以为天下已平，不复措意于三镇。于是朱滔的孙子朱克融乘机再据卢龙。成德将王庭凑，魏博将史宪诚，亦各据镇以叛。朝廷发兵攻讨，多观望不进；粮饷又匮乏；就不得已罢兵。于是再失河北，"迄于唐亡，不能复取"。河北三镇的平定，倒没有满三年。

穆宗后的河北三镇：

（卢龙）朱克融、李载义、杨志诚、史元忠、陈行泰、张绛、张仲武、张直方（仲武子）、周綝、张允伸、张公素、李茂勋、李可举、李全忠（可举子）、李匡威（全忠子）、李匡筹（匡威弟，为李克用所破，克用代以刘仁恭）

（魏博）史宪诚、何进滔、何弘敬（进滔子）、何全皞（弘敬子）、韩允中、韩简（允中子）、乐彦桢、罗弘信、罗绍威（弘信子）

（成德）王庭凑、王元逵（庭凑子）、王绍鼎（元逵子）、王绍懿（绍鼎子）、王景崇（绍懿兄子）、王镕（景崇子）、张为礼（镕养子）

从魏晋到唐的兵制

/ 吕思勉 /

唐朝的兵制,也是沿袭南北朝的。近人南海康氏说:"中国承平的时候,可以算是没有兵。虽然有唤作兵的一种人,实在是把来供给别种用场,如以壮观瞻等,并不是要他打仗。"这句话最通。秦汉时代,承袭着战国时的余风,全国还有些尚武的风气;东汉而后,就渐渐显出无兵的样子了。从五胡乱华起,到南北朝末止,却可以算得一个长期战争,其中东西魏(周、齐)对立的时候,竞争尤其剧烈,所以产出一种略为整齐的兵制。

有名的府兵制,是起源于后周的。其制是籍民以为兵,但是拣其魁健才力的,并不是全数叫他当兵,而蠲其租调,令刺史以农隙教练。合为百府,每府一郎将主之,分属二十四军。领军的谓之开府,一大将军统两开府,一柱国统二大将,共为六军。总数不满五万人。(隋朝也沿袭其制,置十二卫将军。)

唐制：折冲府有上、中、下。上府千二百人，中府千人，下府八百人。每府都有折冲都尉和左右果毅都尉，以司训练。其兵的编制：十人为火，火有长。五十人为队，队有正。三百人为一团，团有校尉。有兵籍的人，年二十而为兵，六十而免。平时居于田亩，教练皆以农隙。有事就出去从征；事讫，依旧各还其乡。据《新唐书·兵志》说，唐初，天下共六百三十四府，而在关内一道的，倒有二百六十一，所以中央的形势颇强。当时宿卫也是靠府兵轮值的，谓之"番上"。

但是到高宗武后时，久不用兵，府兵法就渐坏，至于宿卫不给。宰相张说，就请募兵宿卫，谓之"彍骑"。玄宗时，这种宿卫的兵，也是有名无实，诸府又完全空虚，内地竟无一兵，而边兵却日重。所以安禄山一反，竟无从抵御了。

唐初用府兵的时候，有所征伐，都是临时命将；战事既罢，兵归其府，将上其印，所以没有拥兵的人。其戍边的兵，大曰军，小曰守捉、曰城、曰镇，都有使。总管他们的谓之道，道有大总管（后来改为大都督，但行军时仍曰大总管）。永徽以后，都督带"使持节"的，谓之节度使，但还没有用它做官名。睿宗景云二年（711年），用贺拔延嗣做凉州节度，这是以节度名官之始。玄宗天宝初，于沿边置十节度经略使〔安西（治龟兹，今新疆库车市）、北庭（治庭州，今新疆乌鲁木齐）、河西（治凉州，今甘肃武威市）、朔方（治灵州，今甘肃贺兰县）、河东（治太原，今山西阳曲县）、范阳（治幽州，今北京西南隅）、平卢（治营州，今河北承德市）、陇右（治鄯州，今青海乐都县）、剑南（治益州，今四川成都市）九节度，岭南（治广州，今广东南海区）一经略使］，边兵就此大重了。安史乱后，讨贼有功之将和贼将来降的，都授以节度使（或沿其旧官）。于是节钺遍于内地，而"尾大不掉"之势以成。

然而致唐朝死命的，实在还不是藩镇之兵，而倒是所谓"禁军"。禁军的起源是跟高祖起义于太原的兵，事定而后，愿留宿卫的，共有三万人，于是处以渭北闲田，谓之"元从禁军"，老不任事，即以其子弟代之。后亦与于"番上"。太宗时，在元从禁军中，选善射者百人，以从田猎，谓之百骑。武后改为千骑。睿宗又改为万骑，分为左右。玄宗用这一支兵平韦氏之乱，改名左右龙武军。又有太宗所置的飞骑，高宗所置的羽林，也各分左右。谓之"北衙六军"。与诸卫的兵，号为南衙的相对待。中叶以后，又有所谓"神策军"。其缘起：因天宝时，哥舒翰破吐蕃于临洮西的磨环川，即于其地置军，谓之神策。以成如璆为节度使。安禄山反，成如璆派军中的将，唤作卫伯玉的，带千人入援。与观军容使鱼朝恩（宦者）共屯陕州。神策军的地方，旋为吐蕃所陷，于是即以卫伯玉所带的兵为神策军。和陕州节度使郭英乂，俱屯于陕。763年，吐蕃陷长安，代宗奔陕。鱼朝恩以神策的兵和陕州的兵来扈卫。当时都号为神策军。后来伯玉罢官，神策军归郭英乂兼带。郭英乂又入为仆射，这一支兵，就入于鱼朝恩手里，是为宦官专管神策军之始。鱼朝恩后来入都，便把这一支兵带到京城里，依旧自己统带着它，然而还不过是一支屯驻京城里的外兵，并不算作禁军。765年，吐蕃又入寇。鱼朝恩以这一支兵，入屯苑中。于是声光大好，出于北衙军之上。德宗从奉天还京，都不相信大臣，而颇委任宦官，专叫他统带禁军。这时候，边兵的饷，不能按时发给；而神策兵饷糈优厚。于是边将在外戍守的，多请遥隶神策。神策军数，遂至十五万。自关以西，各处的镇将，大都是宦官手下人。所以宦官的势力，强不可制。昭宗时，想改用宗室诸王带它，始终没有成功。而宦官每和朝臣水火，就挟着神策军里几个镇将的力量，以挟制天子，诛戮大臣。到底弄得朝臣借着朱全忠的兵力，打破宦官一系的镇将李茂贞，把宦官尽数诛夷，而唐亦以亡。（禁军的始末，《唐书·兵志》不详，见《文献通考》第一百五十一卷。）总而言之，亡唐朝之力，藩镇的兵不过十分之三，禁军倒有十分之七。

第 五 章
宋辽金元

和议与扩张

神宗的武功

/ 吕思勉 /

神宗、荆公所想膺惩的是辽、夏,但这两件事,都不是一时办得到的。于是先为伐夏的准备,而有恢复河湟之举。

唐宣宗时,虽然恢复河湟,然占据其他的番族,仍旧不少。大者数千家,小者数十百家,为一"族",各有首领。内属的谓之"熟户",不内属的谓之"生户"。其初,凉州的潘罗支和青唐的唃厮啰,都能和西夏相抗。后来潘罗支之兄弟厮铎督,为元昊所并。唃厮啰死后,也国分为三。[潘罗支杀李继迁。不久,被番族附继迁的所杀。潘罗支,宋朝本曾授以朔方节度的名号,及是,遂以授其弟厮铎督。元昊复取西凉府,厮铎督和中国就音信不通,想是给他征服了。唃厮啰初居宗哥城(在凉州西南五百里),后徙邈川(在如今郁南县的东南),又徙青唐(如今的西宁),始终和元昊相抗。唃厮啰死后,第三子董毡嗣遂据河北之地,长子瞎毡别据河州（如今甘肃的临夏县），次子磨毡角据宗哥城。］1070年，建昌军司理王韶诣阙上平戎三策。说欲取西夏，要先复河湟。荆公颇善其言，用韶为洮河安抚使。于是王韶先克复武胜，建为熙州（如今甘肃的临洮县），旋破木征，取河州，以次降岷（如今甘肃的岷县）、洮（如今甘肃的临泽县）、宕（在岷县西南）、叠（在临潭之南），开辟熙河一路。［董毡传子阿里骨，至孙瞎征，部落自相睽贰。哲宗元符二年（1099年），王赡因之取邈川、青唐。置邈川为湟州，青唐为鄯州。旋因番族反叛，弃之。徽宗崇宁三年（1104年），王厚又重取二州。］

夏元昊死于1048年，子谅祚立。先是鄜州将种世衡，请进城延安东北二百里的旧宽州城，以逼西夏，朝廷许之。城既筑成，赐名为青涧（如今陕西的清涧县），就以世衡知城事。世衡死后，儿子种谔继任下去。英宗治平四年（1067年），种谔袭取绥州（如今陕西的绥德县），朝议以为擅开兵衅，把种谔贬斥。这一年，谅祚也死了，子秉常立，还只有三岁。1069年，愿将所陷的塞门（如今陕西安塞区北）、安远（如今甘肃通渭县境）两砦归还中国，以换取绥州，神宗也答应了他。谁知道夏人并无诚意，交涉不能就绪。于是改筑绥州城，赐名绥德。夏人就举兵入寇。神宗用韩绛做陕西宣抚使，起用种谔，杀败夏人，进筑了一个啰兀城（在如今陕西米脂县北），又进筑了许多的砦。不多时，夏人来攻，诸砦尽陷，并啰兀也不能守。于是再罢韩绛，斥退种谔。1081年，秉常被他的母亲囚了起来。神宗听种谔的话（这时候，种谔已经做了鄜延总管），令陕西河东五路进讨，约期同会灵州，不曾成功。1082年，侍中徐禧新筑了一个永乐城（在如今米脂县西），夏人来攻，又败死。这两役，北宋丧失颇多（但《宋史》说"官军，熟羌，义保，死者六十万"，恐怕也言之过甚），于是仍许西夏讲和。［元丰六年（1083年），神宗对西夏用兵是失败的，然而绝不如《宋史》所言之甚。只要看反对新法的人，并没指出什么陕西因用兵而受害的实据来，就可知道了。哲宗元祐元年（1086年），秉常死，子乾顺立，也只三岁，还了中国"永乐之俘"一百四十九人。当时朝臣就把神宗时所得米脂（如今的米脂县）、葭芦（如今陕西的佳县）、浮图（绥德西）、安疆（在如今甘肃安化县东北）四砦，轻轻还了他。然而划界不定，侵寇仍不绝。于是知渭州章楶，请进城平夏（如今甘肃的固原市）以逼之。诸路同时进兵，拓地。西夏毕竟国小，不能支持，介辽人以乞和。哲宗元祐二年（1087年），和议再成，从此终北宋之世，无甚兵争。］

以上所述，是神宗以后对于北方的兵事。还有对于南方的兵事，关系也颇大，如今撮叙其大略。

（一）沅水流域的蛮族，就是黎族的正支。汉时谓之武陵蛮，隋时汉族的疆域进拓到如今沅陵地方，置了一个辰州。唐时，又进辟锦（如今湖南的麻阳苗族自治县）、溪（如今湖南的永顺县）、巫（如今四川的巫山县）、叙（如今湖南的洪江市）等州。唐末，其地为群蛮所据。宋初，用徭人秦再雄，招降之。于是沅江的蛮族分为南江和北江（北江彭氏最大，南江舒氏、田氏、向氏最大）。而资江流域，又有梅山峒蛮。如今靖县地方，又有杨氏，号十峒首领。（首长都是汉姓，大约是汉人王其中的。）梅山峒蛮，为患最甚。神宗用章惇经制蛮事，平梅山蛮，开其地为安化、新化两县（今县名同），又平南江蛮，置沅州（如今湖南的芷江侗族自治县）。而北江诸酋，亦愿纳土。徽宗时，又降十峒首领，置诚州（如今的靖州苗族侗族自治县）。

（二）黔江流域的濮族，在唐时，为东谢（在如今贵州思南县一带）、牂牁（汉朝的牂牁郡境）、西赵（在东谢之南）、夷子（在东谢之西）诸蛮。宋时，先有龙、方、张、石、罗五姓，神宗时，又有程、韦二姓，都通朝贡，谓之西南七蕃。其在长江流域的，则分属黎、叙、威、茂、泸五州（其中唯黎州的三王蛮系氐羌，余均濮族），皆不侵不叛，只有居长宁（如今四川的长宁县）、宁远（如今四川屏山县附近）以南的晏子和纳溪（如今四川的纳溪区）附近的斧望箇恕，颇为边患。神宗命熊本讨平它，后来又平定了如今重庆以南的地方，开建了一个南平军。（叙、威、茂三州的蛮族，徽宗时，内附置州的颇多，但都不久即废。西南诸族，就是如今总称为"高地族"的。鄙人自谓把它分析得颇清楚，读者诸君，务请留意，得了这一个纲领，去看别种书，可以较有把握。）

（三）安南之地，自唐以前，本来都属中国版图。五代时，才有人据其地独立。宋初，平岭表，据其地的丁氏遣使入贡，太祖也因而封之。这大约是内地初平，不欲穷兵于远的意思。太宗时，丁氏为黎氏所篡，太宗发兵讨他，不能取胜，只得因其请和，授以官爵。从此以后，安南就独立为一国了（有三国的纷争，而朝鲜独立；有五代的纷争，而安南独立，正是事同一例，这都是军阀给国家的好处）。真宗时，丁氏又为李氏所篡。神宗时，其主乾德，遣兵犯边，连陷钦（如今广东的钦州市）、廉（如今广东的合浦县）二州和邕州（如今广西的邕宁区）。1075年，神宗派郭逵去讨他，逵先恢复失地。明年，入其国，败其兵于富良江。安南请和。从此以后，对于宋朝，就始终臣服。〔安南的历史，中国史上所说的，都有些错误。现在根据日本人所著的《安南史》，述其大略如下。这是根据安南人自己所作的历史的。安南之地，本来是唐朝的安南都护府。后梁末帝贞明中（915—921），土豪曲承美据其地，送款于梁，南汉伐执之，派杨廷艺领其地。后来杨廷艺给手下人杀掉。牙将吴权自立为王（938年）。传子昌岌，为权妃杨氏之弟三哥所篡。昌岌的兄弟昌文，废三哥，重立昌岌。昌岌死，昌文即位，境内大乱。昌文自己出兵讨伐，中箭而死（965年）。诸州互相攻伐。970年，并于驩州刺史丁部领。始称帝，国号瞿越。部领爱少子项郎，欲立为嗣。项郎的哥哥丁琏，把项郎杀掉，部领就只得传位于琏。琏时，宋平南汉，琏遣使入贡。太祖以为静海军节度使，封交趾郡王。后来为其下所杀。部领亦遇害。琏的兄弟璿立。太宗太平兴国五年（980年），为大将黎桓所篡。太宗派海陆兵（海兵出广州，陆兵出邕州）去讨他，不利。桓亦遣使谢罪。986年，仍以为静海军节度，加安南都护，封京兆郡侯。993年，封南平郡王。真宗即位，进封南平王。1006年，黎桓死，次子龙钺立，为弟龙铤所弑。1010年，龙铤死，殿前指挥使李公蕴自立。真宗仍以其官爵授之（英宗时，改封安南国王）。传四世而至仁宗，始改国号曰大越。自太祖至仁宗，皆留心政事，制定法律，兼提倡孔教和佛教，称为安南的盛世。神宗、英宗两世，亦称贤主。高宗立，荒于游宴，安南始衰。将军郭卜作乱，都城为其所陷。渔家子陈承，以乡兵平卜，辅立高宗之子惠宗。惠宗无子，传位于女佛金，佛金嫁陈承的儿子炬（就是《元史》中的陈日煚）。就传位于炬，于是李氏亡而陈氏兴。]

安南李氏系图（国号大越）

（一）太祖李公蕴（1010年）—（二）太宗佛玛（1028年）—
（三）圣宗日尊（1055年）—（四）仁宗乾德（1071年）
　　　　　　　　　　　　崇宪侯—（五）神宗阳焕（1127年）—
（六）英宗天祚（1138年）—（七）高宗龙翰（1176年）—（八）惠宗昑（1211年）—
　　　　（九）昭皇佛金（1225—1226）

南宋初期的战事

/ 吕思勉 /

从南宋以后,又变作异族割据北方,汉族占据南方的局面了。其和两晋南北朝不同的,便是后者的结果,是汉族先恢复了北方,然后统一南方;前者的结果,却是占据北方的异族,为另一异族所灭,而汉族亦为所吞并。

从南宋到元,重要的事情便是:

(一)宋南渡后的立国及其和金朝人的交涉;

(二)金朝的衰亡;

(三)蒙古的建立大帝国和它的侵入中国;

(四)元朝的灭亡。

如今且从第一项说起。

宋朝南渡之初,情形是很危险的,其原因:

(一)这时并无一支可靠的兵。徽宗时候,蔡京等利用诸军阙额,"封桩其饷,以备上供"。北宋的兵力本靠不住,这一来,便连靠不住的兵力也没有了。(靖康时入援,以陕西兵多之地,竭力搜括,只得万五千人。)南北宋之际,大将如宗泽及韩、岳、张、刘等,都是招群盗而用之;既未训练,又无纪律,全靠不住;而中央政府既无权力,诸将就自然骄横起来;其结果,反弄成将骄卒惰的样子。

(二)这时候,到处盗贼蜂起。只要一翻《宋史》高宗的本纪,从建炎元年到绍兴十二年(1127—1142),天下二十六路,每路总有著名的盗匪数人或十数人,拥众十余万或数十万(这种数字,固然未必确实,然而其众也总不在少数),剽掠的地方,或数郡,或十数郡。其次也拥众或数万或数千。这都是徽宗时多行苛政,民不聊生,加以北方受了兵祸,流离失所的人起而为盗,再去蹂躏他处的缘故。(此外还有溃兵和团结御敌、号召勤王之兵,屯聚不散,而又无所得食,也变而为盗的。)

这样说,国家既无以自立,而又无以御外;倘使当时的金朝大举南侵,宋朝却用何法抵挡?然而南宋竟没有被金朝灭掉,这是什么缘故?

金朝本是一个小部落,它起初不但无吞宋之心,并且无灭辽之心,所以灭辽之后,燕云州县,仍肯还宋。就是同宋朝开衅以后,金人所要的,也不过河北、河东,所以既得汴京之后,就拿来立了一个张邦昌。

金兵既退,张邦昌自然是不能立脚的。于是请哲宗的废后孟氏垂帘。（二帝北狩时，太子和后妃宗室都北行，废后以居母家得免。）康王构本来是到金朝去做"质"的，走到半路上，为人民所阻，退还相州，开大元帅府。及是，以孟后之令迎之。康王走到南京（归德府，如今河南的商丘县）即位，是为高宗。

高宗即位之初，用主战的李纲做宰相。这时候，宗泽招抚群盗，以守汴京；高宗就用他做东京留守，知开封府；又命张所招抚河北，傅亮经制河东。旋复罢李纲，召傅亮还，安置张所于岭南。宗泽屡疏请还汴京，不听；请留南阳，亦不报；李纲建议巡幸关中、襄（湖北襄阳）、邓（河南邓州，今南阳），又不听。这一年十月里，就南走扬州。读史的人，都说高宗为黄潜善、汪伯彦二人所误。然而高宗不是十分无用的人，倘使恢复真有可图，未必怯弱至此。这时候的退却，大约因为汴京之守，不过是招用群盗，未必可恃；又当时的经略河北、河东，所靠的不过是各处团结的民兵，也未必可靠之故。（据李纲说，当时河东所失，不过恒代、太原、汾晋、泽潞。河北所失，不过怀、卫、浚、真定。其余地方的民兵，都还团结，为宋守御。当时派出的傅亮、张所，手下并没有兵，大约就是想利用这种民兵以拒敌。然而这种兵，并不能用正式军队以御大敌的。后来取消经略河北、河东之议，大约为此。至于急急乎南走扬州，则大约因为金兵逼近，北方不能立足之故。）

金朝一方面，到这时候所要经略的，还不过河北、河东。对于此外地方的用兵，不过是剽掠主义。（也可以说是对于宋朝的膺惩主义。当时就使灭掉宋朝，大河以南的土地，金人也是不要的。）

1127年，七月，宗望死了，代以宗辅（太祖的儿子，熙宗的父亲），这一年冬天，宗辅东徇淄青，分兵入襄、邓、唐、蔡（这支兵，是逼高宗的。高宗所以不敢留居关中、南阳）。明年正月，因高宗还在扬州，而农时已届，还师。宗翰的兵，于1127年冬天入陕西，陷同华、京兆、凤翔。明年，留娄室屯驻，自还河东。1128年，七月，宋朝差王师正到金朝去请和，又以密书招诱契丹汉人，为金人所获。金太祖诏宗翰、宗辅伐宋。于是二人会兵濮州。十月，进兵（合两路兵以逼高宗）。明年二月，前锋到扬州。高宗先已逃到杭州。金人焚扬州而去。五月，宗弼（也是太祖的儿子）就再进一步，而为渡江之计。

宗弼分兵攻蕲（如今湖北的蕲春县）、黄（如今湖北的黄冈市），自将兵从滁（如今安徽的滁州市）、和（如今安徽的和县）、太平（如今安徽的当涂县）渡江，逼建康。先是1128年，七月，宗泽死了，代以杜充。杜充不能抚用群盗，群盗皆散，汴京遂陷。高宗仍用他留守建康。宗弼既渡江，杜充力战，而韩世忠不救。杜充遂降。于是宗弼陷广德（如今安徽的广德市），出独松关（在如今浙江安吉县西边），逼临安府（杭州所改）。高宗先已逃到明州（如今浙江的鄞州区），宗弼遣阿里、蒲卢浑从越州（如今浙江的绍兴市）入明州，高宗从昌国（如今浙江的象山县）入海。阿里、蒲卢浑也以舟师入海追之三百里，不及而还。于是宗弼"哀所俘掠"，改走大路，从秀州（如今浙江的嘉兴市）、平江（如今江苏的吴中、相城二区）而北。到镇江，韩世忠以舟师邀之江中，相持凡四十八日，宗弼颇窘，旋因世忠所用的是大船，无风不得动，为宗弼用火攻所破，宗弼乃北还。这一次是金朝南侵的极点。从此以后，金人再有主张用兵的，宗弼便说"士马疲弊，粮储未足，恐无成功"，不肯再听他了。这是用兵的计划如此；宋朝人以为他给韩世忠一场杀怕了，不敢再说渡江，这是犯了夸大的毛病。

以上所说，是宗辅的一支兵（金朝的左军）。其宗翰的一支兵（右军），则以打平陕西为极限。先是高宗既南渡，用张浚做川陕京湖宣抚使，以经略上游。1130年，张浚以金朝的兵，聚于淮上；从兴元出兵，以图牵制。金朝果然分了东方的兵力，用宗辅做西路的监军；宗弼渡江而北，也到陕西去应援。这一年九月里，战于富平（如今陕西的兴平市），浚兵大败。于是关中多陷。张浚用赵开以治财赋，刘子羽、吴玠、吴璘以任战守，和金人苦苦相持，总算拒住汉中，保守全蜀。（其间很有几场苦战，可参看《宋史》三人的本传。）

金人既不要河南、陕西，这几年的用兵，是为什么呢？这是利用他来建立一个缓冲国，使自己所要的河北河东，可以不烦兵力保守。所以这一年九月里，就立刘豫于河南，为齐帝，十一月里，又畀以陕西之地。于是宋朝和金朝的战争，告一小结束，宋人乃得利用其间，略从事于内部的整理。

和议的成就和军阀的翦除
/ 吕思勉 /

宋朝当南渡之初,最窘的是什么?便是:

(一)盗贼的纵横;

(二)诸将的骄横。

如今且先说盗贼。当时盗贼之多,请读者自行翻阅《宋史·高宗本纪》和岳飞、韩世忠、张浚等几个人的传,其中最强悍的,是李成(据江淮湖湘十余郡)、张用(据襄汉)、孔彦舟(据武陵)、杨幺(洞庭湖里的水寇)、范汝为(在福建)等几个人,都给张浚、岳飞、韩世忠打平,而孔彦舟、李成都降齐。

刘豫既然为金所立,就想自固其位。于是请于金,欲立其子麟为太子,以窥探金朝的意思,到底打算不打算永远保存他这齐国。金朝说:替我伐宋,能胜才许你。于是刘豫就利用李成、孔彦舟的投降。1133年,十月,叫李成南侵,陷襄阳、唐、邓、随(如今湖北的随州市）、郢（如今湖北的钟祥县）、信阳（如今河南的信阳市），岳飞把它恢复。刘豫又乞师于金。九月，挞懒（穆宗的儿子）带着五万人，和齐兵同寇淮西。[步兵入淮东，韩世忠败之于大仪（镇名，在如今江苏江都县西）。骑兵入淮西，攻庐州（如今安徽的合肥市），岳飞派牛皋救却之。]不多时，金太宗死了，金兵引还。先是宋朝很怕刘豫，至于称之为大齐。这一次，知道无可调和。于是高宗从临安进幸平江，起用张浚视师，颇有振作的气象。金兵既退，张浚仍竭力布置。1136年，分令张浚屯盱眙（如今安徽的盱眙县），韩世忠屯楚州（如今江苏的淮安区），刘光世屯合肥，岳飞屯襄阳。高宗又诏谕三军，说要亲征。刘豫闻之，便告急于金。金朝人的立刘豫，本是想他做个缓冲国，使河北、河东，不烦兵力守御的。如今反要替他出兵伐宋，如何肯答应呢？于是刘豫自签乡兵三十万，叫他的儿子刘麟（出寿春，犯合肥）、侄儿刘猊[自涡口犯定远（如今安徽的定远县）]和孔彦舟[自光州（如今河南的潢川县）犯六安（如今安徽六安市）]三道入犯。刘猊到藕塘（镇名，在定远县东），为杨沂中所败。刘麟、孔彦舟皆引还。于是金人知道刘豫是无用的，并不能靠他抵御宋人。1137年，十一月，就把他废掉，而在汴京立了个行台尚书省。

于是和议开始了，和议在当时本是件必不能免的事，（参看《廿二史札记》卷二十六《和议》条）然而主持和议的秦桧却因此而大负恶名，[当议割三镇的时候，集百官议延和殿，主张割让的七十人，反对的三十六人，秦桧在三十六人之内。金人要立张邦昌，秦桧时为台长，和台臣进状争之。后来金朝所派的留守王时雍，用兵迫胁百官，署立张邦昌的状，秦桧抗不肯署，致为金人所执。二帝北徙，桧亦从行。后来金人把他赏给挞懒。1130年，挞懒攻山阳（楚州），秦桧亦在军中，与妻王氏航海南归。宋朝人就说是金人暗放他回来，以图和议的。请问这时候，金人怕宋朝什么？要讲和，还怕宋朝不肯？何必要放个人回来，暗中图谋。秦桧既是金朝的奸细，在北朝，还怕不能得富贵？跑回这风雨飘摇的宋朝来做什么？当时和战之局，毫无把握，秦桧又焉知高宗要用他做宰相呢？我说秦桧一定要跑回来，正是他爱国之处；始终坚持和议，是他有识力，肯负责任之处。能看得出挞懒这个人，可用手段对付，是他眼力过人之处。能解除韩、岳的兵柄，是他手段过人之处。后世的人却把他唾骂到如此，中国的学术界真堪浩叹了。］真冤枉极了。请看当时诸将的情形。

给事中兼直学士院汪藻言："金人为患，今已五年。陛下以万乘之尊，而怅然未知税驾之所者，由将帅无人，而御之未得其术也。如刘光世、韩世忠、张俊、王瓊之徒，身为大将，论其官，则兼两镇之重，视执政之班，有韩琦、文彦博所不敢当者；论其家，则金帛充盈，锦衣肉食；舆台厮养，皆以功赏补官；至一军之中，使臣反多，卒伍反少。平时飞扬跋扈，不循朝廷法度。所至驱虏，甚于夷狄。陛下不得而问，正以防秋之时，责其死力耳。张俊明州仅能少抗。奈何敌未退数里间，而引兵先遁？是杀明州一城生灵，而陛下再有馆头之行者，张俊使之也……陛下……以……杜充守建康，韩世忠守京口，刘光世守九江，而以王璂隶杜充，其措置非不善也。而世忠八九月间，已扫镇江所储之资，尽装海舶。焚其城郭，为逃遁之计。（注意！后来邀击宗弼，无风不得动的，就是这海舶。因为要装载资储，又要预备入海，所以不得不大。）洎杜充力战于前，世忠、王璂卒不为用；光世亦晏然坐视，不出一兵；方与韩梠朝夕饮宴，贼至数十里间不知；则朝廷失建康，虏犯两浙，乘舆震惊者，韩世忠、王璂使之也；失豫章而太母播越，六宫流离者，刘光世使之也……诸将以负国家，罪恶如此；而俊自明引兵至温，道路一空，民皆逃奔山谷。世忠逗遛秀州，放军四掠，至执缚县宰，以取钱粮；虽陛下亲御宸翰，召之三四而不来；元夕取民间子女，张镫高会……璂自信入闽，所过邀索千计，公然移文曰：'无使枉害生灵'，其意果安在哉？臣观今日诸将，用古法皆当诛……"（按此疏上于1130年，即建炎四年。读者可自取一种编年史，把建炎三四年的兵事参考。）

起居郎胡寅上疏言："……今之赏功，全队转授，未闻有以不用命被戮者……自长行以上，皆以真官赏之，人挟券历请厚俸，至于以官名队……煮海榷酤之入，遇军之所至，则奄而有之；阛阓什一之利，半为军人所取。至于衣粮，则日仰于大农。器械则必取于武库，赏设则尽资于县官……今总兵者，以兵为家，若不复肯舍者，曹操曰：'欲孤释兵，则不可也。'无乃类此乎……诸军近者四五年，远者八九年，未尝开落死损逃亡之数，岂皆不死乎？"（观此可知当时所有的税入，为诸将分割殆尽。）

以上都见《文献通考》卷一五四。马端临也说："建炎中兴之后，兵弱敌强，动辄败北，以致王业偏安者，将骄卒惰，军政不肃所致。""张、韩、刘、岳之徒……究其勋庸，亦多是削平内寇，抚定东南耳。一遇女真，非败则遁。纵有小胜，不能补过。"（韩世忠江中之捷，是乘金人不善用水兵，而且利用大船的优势，幸而获胜；然亦终以此致败。大仪之战，只是小胜；当时金人以太宗之死，自欲引归，和世忠无涉；参看《金史》便知。岳飞只郾城打一个胜战。据《岳集》的捷状，金兵共只一万五千人；岳飞的兵，合前后的公文算起来，总在二万人左右，苦战半日，然后获胜，并不算什么稀奇。《宋史·本传》巧于造句，说"兀术有劲军……号拐子马……是役也，以万五千骑来"，倒像单拐子马就有一万五千，此外还有无数大兵，岳飞真能以寡击众了。以下又铺张扬厉，说什么"磁、相、开德、泽、潞、晋、绛、汾、隰之境，皆期日兴兵，与官军会""自燕以南，金号令不行"，真是说得好听，其实只要把宋、金二史略一对看，就晓得全是瞎说的。十二金牌之召，《本传》可惜他"十年之力，废于一旦"，然而据《本纪》所载，则还军未几，就"诸军皆溃"了。进兵到朱仙镇，离汴京只四十多里，更是必无之事。郾城以外的战绩，就全是莫须有的。最可笑的，宗弼渡江的时候，岳飞始终躲在江苏，眼看着高宗受金人追逐。《宋史·本传》，还说他清水亭一战，金兵横尸十五里，那么，金兵倒好杀尽了。韩、岳二人，是最受人崇拜的，然而其战绩如此。至于刘光世，则《宋史·本传》说他的话，就已经够了。依我看，倒还是张俊，高宗逃入海的时候，在明州，到底还背城一战。）这种兵，好靠着他谋恢复否？

然而既不能言和，这种兵就不能去；留着他又是如此；真是载胥及溺了。幸而当时有一个机会。

原来金朝的王位继承法（从太祖以前，只好说是生女真部族节度使的继承）是不确定的。（把王位继承看成是一件很重大的事情；除合法应继承的人，都有凛然不可侵犯的意思；这是君主专制政体几经进化以后的情形。像女真这种浅演的国家，当然没有这种观念。）景祖就舍长子劾孙而传位于世祖，世祖、肃宗、穆宗，都是兄弟相及。（《金史》说都是景祖之意。世祖、肃宗之间，又越掉一个劾孙。）康宗以后，又回到世祖的儿子（世祖共有十一个儿子，三个是做金主的），太宗又传太祖的儿子，大约是只凭实际的情势，毫无成法可言的。那么，就人人要"觊觎非分"了。至于实权，这种侵略主义的国家，自然在军人手里。金初用兵，常分为左右两军。其初都元帅是辽王杲，左副元帅是宗望，右副元帅是宗翰。辽王死后，宗翰以右副元帅兼都元帅。（宗翰就有不臣之心）宗望死后，代以宗辅。这时候都死了。军人中老资格，只有宗弼和挞懒，而挞懒辈行又尊，和内里的宗隽（右相）、宗磐（太师领三省事，位在宗幹上）都有异志。干国政的宗幹、斜也，制不住他。这种人，自然是不关心国事的。于是宋朝利用这个机会，差王伦到金朝去，"求河南地"（1137年，二月），就是这一年，金朝把刘豫废了。十二月，王伦从金朝回来，说金朝人答应还二帝的梓宫及太后和河南诸州。（把时间核起来，金朝人是先有还宋朝河南之意，然后废掉刘豫的。王伦的外交也很为有功，不过《宋史》把他算作坏人了。）明年三月里，高宗就用秦桧做宰相，专意言和。十月里，王伦闻着金使萧哲、张通古来，许先归河南诸州，徐议余事。

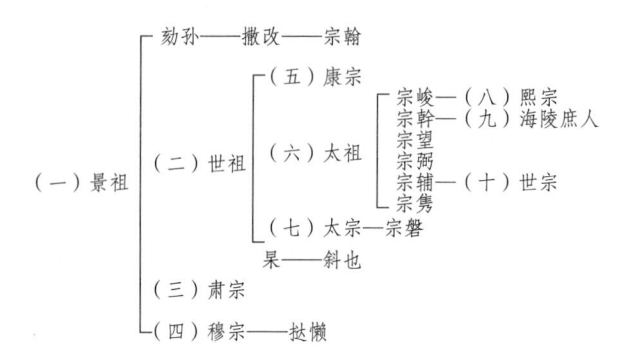

```
                 ┌ 劾孙──撒改──宗翰
                 │        ┌(五)康宗    ┌ 宗峻─(八)熙宗
                 │        │            │ 宗幹─(九)海陵庶人
                 │        │            │ 宗望
           ┌(二)世祖 ┤(六)太祖   │ 宗弼
           │        │            │ 宗辅─(十)世宗
           │        │            └ 宗隽
(一)景祖 ┤        │
           │        └(七)太宗─宗磐
           │          杲──斜也
           ├(三)肃宗
           └(四)穆宗──挞懒
```

平心而论，不烦一兵，不折一矢，恢复河南的失地，这种外交，如何算失败？主持这外交的人，如何算奸邪？却不料金朝的政局变了，这是无可如何的事，也是不能预料的事；就能预料，这种有利的外交，也总得办办试试的，如何怪得办这外交的人？把河南还宋，宗斡本是不赞成的，但是拿这主持的人，无可如何。到后来宗弼入朝，形势就一变了。于是宗磐、宗隽，以谋反诛。挞懒以属尊，放了他，仍用他做行台尚书右丞相。谁想挞懒走到燕京，又有反谋。于是置行台尚书省于燕京，以宗弼领其事，而且兼领元帅府。宗弼遣人追杀挞懒，大阅于祁州（如今直隶的祁县），把到金朝去受地的王伦捉起来（1139年，七月），发兵重取河南、陕西，而和议遂破。

宗弼入河南，河南郡县多降。前锋到顺昌（如今安徽的阜阳市），为刘锜所败。岳飞又在郾城（如今河南的郾城区、召陵区）把他打败。宗弼走，还汴京。娄室入陕西，吴璘出兵和他相持，也收复许多州县。［韩世忠也进兵复海州（如今江苏的东海县），张浚复宿（如今安徽的宿州市）、亳（如今安徽的亳州市）。］这一次的用兵，宋朝似乎是胜利的。然而顺昌、郾城，宗弼是以轻敌致败，再整顿前来，就不可知了。陕西不过是相持的局面，并无胜利之可言。持久下去，在宋朝总是不利，这是通观前后便可明白的。当时诸将的主战，不过是利于久握兵柄，真个国事败坏下来，就都一哄而散，没一个人肯负其责任了。所以秦桧不得不坚决主和。于是召回诸将。其中最倔强的是岳飞，乃先把各路的兵召还，然后一日发十二金字牌，把他召回。1201年，和议成，其条件是：宋称臣奉表于金；金主册宋主为皇帝；岁输银绢各二十五万；金主生辰及正旦，遣使致贺；东以淮水、西以大散关为界。

宋朝二十六路，就只剩两浙、两淮、江东西、湖南北、四川、福建、广东西十五路,和京南西路襄阳一府,陕西路的阶、成、秦、凤四州。金朝对宋朝,却不过归还二帝梓官及太后。

这种条件,诚然是屈辱的。所以读史的人都痛骂秦桧,不该杀岳飞,成和议。然而凡事要论事实的,单大言壮语无用。我且再引《金史》郦琼的一段话(见《本传》。按郦琼是刘光世部下。南渡诸将中,刘光世最骄蹇不用命。1137年,张浚做都督的时候,把他免掉,以大兵隶都督府,郦琼就叛降齐),以见当时倘使续战,到底能胜不能胜?

语同列曰:"琼尝从大军南伐,每见元帅国王(按指宗弼)亲临阵督战,矢石交集,而王免胄,指麾三军,意气自若……亲冒锋镝,进不避难,将士视之,孰敢爱死乎……江南诸帅,才能不及中人。每当出兵,必身居数百里外,谓之持重。或督召军旅,易置将校,仅以一介之士持虚文谕之,谓之调发。制敌决胜,委之偏裨,是以智者解体,愚者丧师。幸一小捷,则露布飞驰,增加俘级以为已功,敛怨将士。纵或亲临,亦必先遁,而又国政不纲,才有微功,已加厚赏,或有大罪,乃置而不诛。不即覆亡,已为天幸,何能振起耶?"

和议既成,便可收拾诸将的兵柄了。当时韩、岳、张、刘和杨沂中的兵,谓之御前五军。杨沂中(中军)常居中宿卫,韩(后军)、岳(左军)、张(前军)、刘(右军)都驻扎于外。刘光世的兵降齐后，以吴玠的兵升补，四川离下流远，和议成后，仍用帅臣节制。对于韩、岳、张则皆授以枢府，罢其兵柄，其中三人被召入朝，岳飞到得最晚，不多时，就给秦桧杀掉。（但要注意，据《宋史·张宪传》，则宪的谋还岳飞兵柄，并不是莫须有的事。）从三宣抚司罢后，他的兵都改称某州驻扎御前诸军，直达朝廷，帅臣不得节制。骄横的武人既去，宋朝才可以勉强立国了。我如今请再引《文献通考》所载叶适论四大屯兵的几句话（按四大屯兵，就是指韩、岳、张和吴玠的兵），以见得当时的情形。

……诸将自夸雄豪，刘光世、张俊、吴玠兄弟、韩世忠、岳飞各以成军，雄视海内……廪稍惟其所赋，功勋惟其所奏；将校之禄多于兵卒之数；朝廷以转运使主馈饷，随意诛剥，无复顾惜。志意盛满，仇疾互生……其后秦桧虑不及远，急于求和，以屈辱为安者，盖忧诸将之兵未易收，浸成痈赘，则非特北方不可取，而南方亦未易定也。故约诸军支遣之数，分天下之财，特命朝臣以总领之，以为喉舌出纳之要。诸将之兵尽隶御前，将帅虽出于军中，而易置皆由于人主……向之大将，或杀或废，惕息俟命，而后江左得以少安……

看了这一段，也可以知道当时的措置，实在有不得已的苦衷了。总而言之，古人滥得美名，或者枉受恶名，原不同咱们相干，不必要咱们替他平反，然而研究历史，有一件最紧要的事情，便是根据着现代的事情，去推想古代事实的真相（根据着历史上较为明白、近情的事情，去推想糊涂、荒诞的事情的真相）。这么一来，自然见得社会上古今的现象，其中都有一个共通之点。得了这种原则公例，就好拿来应用，拿来应付现在的事情了。所谓"臧往以知来"，历史的用处，就在这里。倘使承认了历史上有一种异乎寻常的人物，譬如后世只有操、莽，在古代，却有禅让的尧、舜。那就人的性质，无从捉摸，历史上的事实，再无公例可求，历史可以不必研究了。

海陵的南侵和韩侂胄的北伐

/ 吕思勉 /

绍兴和议成后，宋朝和金朝又开过两次兵衅：一次是海陵的南侵，一次是韩侂胄的北伐。

金海陵是一个狂谬的人。乘熙宗晚年嗜酒昏乱，弑之，从上京（会宁府，如今黑龙江阿城区南）迁都到燕京（1153年），后来又迁都于汴（1160年），想要灭宋，以统一天下，1162年就发大兵六十万入寇。

金海陵兵分四路（一支从蔡州瞰荆襄，一支从凤翔攻大散关，一支从胶西走海路窥临安，海陵自将大兵，从涡口渡淮），声势颇盛。宋朝这时候，宿将只有个刘锜，叫他总统诸军。刘锜自守楚州，叫别将王权守淮西。权不战自溃；刘锜也老病，不能带兵，退守镇江，淮南尽限。海陵到采石，想要渡江，形势甚险。幸而金朝内乱起来。海陵两次迁都，都大营宫室；又为伐宋起见，籍民为兵，大括民马，于是群盗大起。海陵却一味隐讳，有提及的人便获罪，于是群下亦相率不言，遂将群盗置诸不顾，依旧出兵伐宋，授甲时候，就有逃亡的。猛安完颜福寿等，跑到东京（辽阳）拥立世宗。海陵听得，要把所有的兵尽行驱之渡江，然后北归。不期宋中书舍人虞允文奉命犒师，收王权的散卒，把他杀得大败。于是海陵改趋扬州，至瓜洲（镇名，在如今江苏丹徒区西），为其下所弑。金兵北还。宋人乘机收复两淮州郡。又东取唐、邓、陈、蔡、海、泗，西取秦、陇、商、虢诸州，兵势颇振。

1162年，高宗传位于孝宗。孝宗是个主张恢复的，起用张浚做两淮宣抚使。张浚派李显忠、邵宏渊两人出兵。李显忠复灵璧（如今安徽的灵璧县），遂会邵宏渊复虹县（如今安徽的泗县），又进取宿州。显忠置酒高会，不设防备。金副元帅纥石烈志宁来援，显忠之兵，大溃于苻离（在宿州市境内，事见《金史·志宁传》。《宋史》把败兵之罪全推在邵宏渊身上，殊靠不住），于是恢复之议，遂成画饼。金世宗初以承海陵骚扰之后，不欲用兵，但令元帅府防御河南。迁延年余，和议不成，就再令元帅府进兵，陷两淮州郡。1165年，和议成：（一）宋主称金主为叔父；（二）岁币银绢各减五万两匹；（三）疆界如绍兴时。

孝宗从和议成后，仍不忘恢复，尝教阅禁军，措置两淮屯田；惜乎积弱之势，不能骤振；而金又正当全盛；终于空存虚愿。1189年，孝宗传位于光宗，称寿圣皇帝。光宗后李氏和孝宗不睦，宦者又乘机离间，光宗却也有病，不能常去朝见寿皇。这本算不得什么事情，而宋朝士大夫，一种群众心理的作用，却又因此表现。把他当作一个大问题，时时犯颜直谏。1194年，孝寿皇崩，光宗托病不出，叫儿子嘉王扩出来主持丧事。于是宰相赵汝愚托阁门使韩侂胄去白高宗的皇后吴氏，说皇帝久病不出，人心惊慌，京城里的秩序怕要保持不住，请他出来做主，叫光宗传位于嘉王，于是内禅之事遂成。嘉王即位，是为宁宗。这件事本来是无甚关系的，只因宋朝士大夫喜欢立名；找着一点事情，便要小题大做，反而弄得不妥帖。（当时迫光宗内禅的理由，不过说是人心惊慌，秩序要保持不住。其实中国历代的百姓和官府都没甚关系，何况朝廷？只要当"士大夫"的人少造几句谣言，就皇帝病一百年，秩序也不会乱的。）传位之事既成，其中却就有点功可居，就有点权利可争，于是政海上又起了波澜，赵汝愚反为韩侂胄所排挤而去，却又这时候"道学"之论已盛，韩侂胄虽能排去赵汝愚，然赵汝愚是道学中人，韩侂胄就要"不为清议所与"。于是想立点功劳，"以间执人口"，而伐金的事情又起。

金世宗以1189年殂，孙章宗立。北边的部族叛乱了好几年，山东、河南又颇有荒歉的地方，就有善于附会的人对韩侂胄说，金朝势有可乘。韩侂胄这时候，已经有了成见，自然信以为真，于是用皇甫斌守襄阳，郭倪镇扬州，吴曦督四川，暗中做伐金的预备。初时还不敢显然开衅，只是时时剽掠金朝边境。到1206年，就下诏伐金。金章宗起初听得宋人要和他开衅，还不相信，把入告的人给了个杖戍之罪。（所以这一次的兵衅，实在其曲在宋。）到边境屡次被掠,才命平章政事仆散揆,于汴京设立行省,调集河南诸路的兵,听其便宜行事。到宋人下诏伐金,金人也就举兵南下。这时候,金人的兵力,确已不济;然而宋朝的兵,无用更甚。屡战皆败,襄阳淮东西多陷(其间吴曦又以四川叛降金,宋朝更为吃紧。幸而金朝接应的兵,还没有到,就为转运使安丙所诛)。于是韩侂胄又想议和。派邱崈督视两淮军马,叫他暗中遗书金人。金人覆书,要得韩侂胄的头。侂胄大怒,和议又绝。然而宁宗的皇后杨氏,又和韩侂胄有隙。(宁宗皇后韩氏崩后,杨贵妃、曹美人俱有宠。韩侂胄劝宁宗立曹美人,宁宗不听。)于是趁此机会,叫他的哥哥杨次山和礼部侍郎史弥远合谋,把韩侂胄杀掉,函首以畀金,和议乃成。韩侂胄固不足取,然而宋朝的举动,也未免太失体面了。这一次的和议,银绢各增十万两匹,疆界和两国君主的关系,仍如旧时。

蒙古族的武功

/ 范　文　澜 /

过着游牧生活的蒙古族，起初散居在贝加尔湖以南，大戈壁以北广大地区，族众繁衍，崇奉共同祖先，依血缘关系组成许多大小氏族。大氏族包含数百家，小氏族数十家，每一氏族中人分出贵族、自由民、奴隶（奴隶数量不大）三种不同的身份。氏族长照例由某一家贵族世袭，但须经过有选举资格者集会推举，才能获得族众的信服。氏族集合成部，由氏族长集会推举部长。部长主要的职务，是指挥部众对别部别氏族进行战斗掠夺和公平分配掠获物（家畜、人口）。

部及氏族各有一定的共有牧地，家畜、奴隶归各家私有。与牧畜并重的事业是掠夺，家畜与人口是掠夺的对象。因为强大的团体经常取得胜利，这使团结的范围逐渐扩展，若干部联合推举合汗，进行更大规模的掠夺战争，当选做合汗的自然是部长中最强健的一人。

蒙古人饮马乳，食牛、羊及各种兽肉，擅长骑射，耐寒暑，习劳苦，视觉、听觉特别敏锐。行军带家畜一群，不需米粮。马从小教练，千马一群，进退严肃。马上放箭，不必执持缰绳，缓急全如人意。一人有马数匹，每日更换，马力常有余。军士各携一小帐，一革囊盛乳、一土锅，渡河时革囊系马尾，人坐囊上。武器主要是弓箭，望见敌人即放箭，避免接近作白刃战斗。善于伪败逃遁，乘追军不防，回身放箭，使受大损失，往往从败逃中获大胜利。

铁木真以前，蒙古人大体是这样生活着。

一、铁木真时代

（一）铁木真统一蒙古诸部（1189—1205）

尼而伦部部长也速该死时，长子铁木真（蒙古太祖）年仅十三岁，部众不愿奉童子为主，逃奔最强大的泰赤乌部（游牧地在昔洛克河下游）。也速该妻诃额伦骑马往追，只邀少数人回来。泰赤乌部部长塔儿忽台忌铁木真勇武，屡谋杀害，幸得不死。铁木真娶弘吉刺部（游牧地在塔塔儿部南，兴安岭西侧）女孛儿台为妻。蔑儿乞部（游牧地在昔洛克河上游）来攻，虏孛儿台。铁木真向克烈部（游牧地在斡儿汉河、土拉河地方）部长脱里汗（王汗）及札答剌部（游牧地在铁木真牧地附近）部长札木合乞援，二人合兵大败蔑儿乞部，夺还孛儿台。当时诸部部长贪虐自私，独铁木真对部属重信义，号令严肃，分配财物公平，诸部壮士相率归附，共推铁木真为汗。札木合与铁木真争马发怒，纠合泰赤乌、塔塔儿等十三部兵共三万人来攻，铁木真迎战失利，退保斡难河。泰赤乌等十一部推札木合为合汗。铁木真联合脱里汗大破札木合军，灭泰赤乌部。札木合投降脱里汗。脱里汗兄弟内讧，弟额儿克合剌引乃蛮部攻脱里汗，铁木真命四良将（木华黎、博尔术、博尔忽、赤老温，号称开国四杰）往救，大败乃蛮东部部长布鲁汗。脱里汗子奕剌合忌铁木真强盛，札木合、奕剌合劝脱里汗攻铁木真，脱里汗兵败，札木合投奔乃蛮部太阳汗，脱里汗父子走死，克烈部亡。克鲁伦河流域黑鞑两大部被铁木真吞并了。

乃蛮部（突厥族）世居也儿的石河（额尔齐斯河）上游阿尔泰山地方，部长太阳汗，受札木合降，共谋灭铁木真。铁木真正想向西侵略，自然不肯放过这个机会。他召集诸部兵大会喀尔喀河上（外蒙古车臣汗部东南境），颁布札萨克（法令），立千户、百户、十户（牌子头）、扯克必（侍从）、怯薛（直属亲军）等名号，汰去老弱，擢用新军官。大军沿克鲁伦河前进。大败乃蛮部杭爱山下，擒太阳汗，乃蛮部亡。太阳汗子屈出律率数千骑越阿尔泰山，逃奔西契丹（西辽）。铁木真回军驻和林（斡儿汉河上游右岸额尔德尼昭），出兵屠灭世仇塔塔儿部，又令长子术赤攻降岭北森林中部落，辟地至北海（贝加尔湖）。漠北广大地域，全被铁木真征服了。

（二）铁木真南侵（1206—1217）

铁木真征服漠北游牧部落，所得不过人口家畜牧地，远不及南方腐朽奢侈的金国，能满足他的侵略欲望。漠北统一后，漠南白鞑诸部相率归附。金爱王完颜大辩据辽东反，遣使来蒙古详告完颜璟虐杀亲族，荒淫不道等事，铁木真得知金国内情，定计伐金。因西夏与金亲善，决先用兵西夏。

成吉思汗二年，铁木真自率大军攻西夏，次年还军。五年，又攻西夏，西夏主献女请和。六年，伐金。七年，契丹族耶律留哥叛金，聚众十余万，归降蒙古。十二年，令木华黎总统攻金军，铁木真率主力军远征西域。

（三）铁木真西征（1219—1227）

北宋末，金灭辽，辽宗室耶律大石率众西奔，据葱岭东西地区，建西辽国（西契丹）。西都号寻思干城（塔什干市），国都号虎思斡耳朵（在伊犁西十余日路程）。属国东有畏兀儿国（回鹘），西有花剌子模国。畏兀儿建都交河（新疆吐鲁番），受西辽监治官侮虐，闻蒙古势盛，杀监治官来降。太阳汗子屈出律得西辽国主信任，与花剌子模国沙（国王）阿拉丁·穆罕默德合谋灭西辽国，屈出律自立为国王，伐畏兀儿国。成吉思汗十四年，铁木真攻杀屈出律。

花剌子模灭西辽，分得土耳其斯坦地，国境东北至锡尔河，东南至印度河，南滨波斯湾，北至咸海、里海，西北至阿特耳佩占。阿拉丁与哈里发（回教教主，意谓代天治事）那昔尔有仇，起兵攻报达（哈里发都城，在波斯湾西北，跨体格力斯河）。哈里发想报复，遣使劝铁木真西伐。十四年，铁木真会师也儿的石河，众号六十万。阿拉丁恐惧，计无所出。蒙古军进至锡尔河，攻讹脱剌儿城（锡尔河东岸）。大军分为四路：察合台、窝阔台一军留攻讹脱剌儿城，术赤一军西北攻毡的城，阿拉黑、速客图、托海一军东南攻白纳克特城，铁木真、拖雷率大军渡锡尔河，进攻布哈尔城（阿母河东）。十五年，破布哈尔。铁木真入教堂，命取酒囊置教堂上（回教戒饮酒），取经典垫马足，使教士执马缰，示侮辱意。又登讲台谕众道："上帝命我作牧人，有权鞭挞众人，如果你们不曾得罪上帝，天为什么生我？"铁木真进攻撒马尔罕城（布哈尔东南），阿拉丁先已遁去，蒙古四路军会攻，五日城破，杀守城康里兵三万，取工匠分配各营，俘民丁三万充役夫，令余民五万献金钱二十万赎罪。铁木真驻军撒马尔罕，命哲伯出北路，速不台出南路，各率万骑追阿拉丁，临行指示兵法道，遇敌军多切不可战，应等待援军；敌逃当穷追勿舍，降服的城堡不可杀掠，不降的攻下罚民为奴，不易攻的舍去勿攻，切忌顿兵坚城下。阿拉丁逃入里海小岛病死，子札剌勒丁继位，居嘎自尼，有众六七万。十六年，铁木真往攻，札剌勒丁逃入北印度。蒙古军凡攻破城邑，屠杀非常惨酷，如破你沙不儿城时，脱忽察尔妻率万人入城，遇人畜便杀死（因脱忽察尔攻城受伤死）。拖雷闻有人伏积尸中，下令斩断尸体头，分男女髑髅堆成两小山。城中只有工匠四百人免死。铁木真击平西域，置达鲁花赤（掌印官、断事官）等官，引大军东归。

十七年，北印度可弗义国算端（苏丹，回教国称国君为算端）袭据寻思干城，占有西契丹故地。铁木真闻报，挥军西返。算端弃城走铁门（撒马尔罕南），屯兵大雪山。铁木真命郭宝玉追击，算端逃入印度，铁木真率军南出铁门，渡阿母河至大雪山，北印度诸部酋长畏威降服。将进攻中印度，至齐塔纳凌岭（雪山）因气候炎热，引军退还蒙古。

哲伯、速不台追阿拉丁至里海西岸，借口钦察部（突厥族，地在黑海、里海间）收留蒙古叛人，十七年，逾太和岭（高加索山），渡阿速海峡，进攻钦察部。钦察酋长霍滩战败逃入俄罗斯境，向女婿哈力赤国主穆斯提斯拉夫求救。哈力赤国主遣使约计掖甫国主、扯耳尼哥国主等共御蒙古军。诸国主至计掖甫大会，推计掖甫国主迷思启斯拉夫为盟主，并请物拉的迷尔国主攸利二世出兵援助。俄罗斯联军八万二千人，自帖尼博尔河、特尼斯特河以至黑海东北，分南北两军迎击蒙古军。南军计掖甫、扯耳尼哥等部，北军哈力赤、钦察等部。哲伯、速不台先败北军，又败南军，俄罗斯兵士十死八九，全国大震。蒙古军西至帖尼博尔河，北至扯耳尼哥城，不再前进。十七年冬，经里海北部归国。

二十年，铁木真至和林行宫，分封四子，长子术赤得康里、钦察、花剌子模故地，次子察合台得锡尔河东、西契丹、畏兀儿故地，三子窝阔台得叶密尔河（伊犁河）流域乃蛮故地，四子拖雷得和林山脉、斡难河间蒙古本部地。蒙古惯例，诸子成年，分家畜财物离父母自立门户，最后财产留给幼子，因此拖雷分得蒙古本部土地及最精锐将士十万一千人。后来合汗继承权转入拖雷的子孙，原因在此。

二十二年，铁木真率大军驻六盘山，准备灭金。十二月，发病死。归葬外蒙古肯特山南起辇谷。

铁木真是人类历史上少见的侵略者，他不仅具备巨大的野心，同时也具备巨大的武力来实现他的野心。原来蒙古游牧人习惯了极寒极热的大陆气候，生活朴野，不畏劳苦，幼年熟练骑射，把掠夺当作生活中极重要部分。信奉萨满教，认人死是往生别一世界，生活与现世无异，死并不可怕。这些条件，使蒙古人成为最能战斗的军士。

长城外游牧种族的勃兴，首先必须经过团结统一的程序。可是团结统一在部落和氏族间极难实现，彼此相互杀掠，结成不解的深仇，已是团结的大障碍，再加上中国统治者一向采用离间愚弄及武力摧残政策，务求那些游牧部落永远过着愚昧原始生活，无力侵入中国。金对蒙古，起初也就是这样。由于完颜璟以后全国内部腐朽不堪，统治力逐渐衰弱，这给铁木真最好的机会去统一蒙古诸部。铁木真不只依靠武力战胜强敌，主要的还在善于招诱别部人来归附，公平分配掠夺物，这是他完成统一事业的基本条件。在他指挥下，掠夺范围扩大了，掠夺兴趣增浓了，被征服部落大量加入掠夺队伍。仅仅拥有宿卫八十人，散班七十人，骟马七十二匹的铁木真部长，二十余年间，成为征服广大地域的成吉思大汗了。

铁木真的战术,首先是从多方面了解敌国的内情,不十分明了敌情,绝不冒险进攻。他利用敌国投降分子,知悉对方的弱点,先送劝降书威胁,令纳贡降服。否则大军分路如狂风暴雨样进击,屠杀乡村人畜,使城市孤立,城外筑长垒,驱俘虏立前线,蒙古军在后督战。对守城人或甘言劝降,或伪败诱敌,施行各种诡计,必达大屠杀大掠夺目的,才满足贪欲。同时铁木真敢于攻击的国家,无不政治昏暗,内部散乱,充满败亡的因素。久受虐待的人民仓促被暴君驱迫与极度凶悍的蒙古军战争,无数生命在侵略者的马蹄下牺牲了。

二、窝阔台时代

(一)窝阔台灭金攻宋(1231—1241)

铁木真在世时,指定窝阔台(蒙古太宗)为继位人。铁木真死后,拖雷监国一年,窝阔台自西域封地归蒙古,诸王百官大会克鲁伦河,推举窝阔台为合汗。窝阔台三年,亲率大军伐金,拖雷、蒙哥(拖雷长子)从军。六年,灭金。七年,命皇子阔端、曲出分路伐宋。

(二)拔都西征(1235—1241)

窝阔台七年,命拔都(术赤继位人)及大将速不台率阔列坚(窝阔台庶弟)、鄂尔达、昔班、唐古忒、伯勒克(四人术赤子)、贵由、合丹(二人窝阔台子)、海都(窝阔台孙)、贝达儿

(察合台子)、不里（察合台孙）、蒙哥（拖雷子）、不者克（拖雷子）等大举西征钦察、俄罗斯。这是蒙古族最大的一次出征，铁木真子孙以及诸王、驸马、万户、千户、百户或自行或派长子从行，人马众多，声势浩大。八年，各路兵会浮而嘎河布尔噶城。九年，入钦察，追擒强酋八赤蛮，里海及太和岭以北诸部悉平。大军进入俄罗斯，陷莫斯科城。十年春，破物拉的米尔城，杀攸利二世。拔都一军北进至那怀郭罗特城（俄罗斯北方大城），遇泥淖不利骑兵，转向西南。别一军攻破秃里思哥城，投城主瓦夕里入血渠中溺死。蒙哥、不里、合丹破阿速部都城蔑乞思。十一年春，各军东渡亦的勒河，直至乌拉岭西北。十二年冬，大军渡帖尼博尔河，破计掖甫城，又破哈力赤城，俄罗斯南部大致平定。拔都谋攻波兰及马札儿（匈牙利），分五路进兵。贝达儿统北路军入波兰境，十三年春，大破昔列西亚公亨利二世军三万人，杀亨利二世，进攻莫剌维亚，转入匈牙利与拔都大军会合。拔都大败匈牙利王贝拉军。合丹率军追贝拉，贝拉逃入海岛。合丹军取道塞尔维亚会合拔都军。当时罗马教皇格烈果儿九世与日耳曼皇帝菲烈德里二世争权互攻，欧洲各国恐怖万状，没有一个强大力量能够抵御蒙古军，幸而窝阔台病死，拔都率军东归，中欧、西欧诸国得免兵祸。

拔都与贵由（蒙古定宗）不睦，中途称病不进。贵由死后，拔都拥立蒙哥（蒙古宪宗）为合汗，自己驻军浮而嘎河下游萨莱地方，建斡耳朵（帐殿），号阿尔泰斡耳朵，译意为金顶帐，统治咸海、里海、太和岭以北土地，号钦察汗国，又称金帐汗国。拔都封锡尔河北岸地给长兄鄂尔达,斡耳朵白色,因称白帐汗国。拔都又封乌拉河西岸地给第五弟昔班,斡耳朵蓝色,因称青帐汗国。

(三)唐古征高丽(1235—1238)

窝阔台七年,命唐古率军侵入高丽,蹂躏全境。十年,高丽力屈,称臣降服。

三、蒙哥时代

(一)旭烈兀西征(1253—1259)

蒙哥三年,命旭烈兀(拖雷第六子)西征木剌夷国。木剌夷在里海南,统治波斯大半部土地。国主筑秘密宫室,畜养刺客,宫中音乐、饮食、妇女备极侈丽。选择十二岁至二十岁强悍童子,先讲授天堂福地如何快乐,继使饮酒昏迷,送入秘宫,醒后任令纵情淫乐,为所欲为,又使昏醉出宫,依然贫苦。国主告这些人道,你那次到的地方,就是穆罕默德所说的天堂福地,你能往杀某人,事成得再享快乐,不成身死,灵魂升天,一样享福。因此,木剌夷在回教国中最凶悍无道。蒙哥命旭烈兀杀尽木剌夷人。旭烈兀进军攻下诸城堡。六年,国主兀克乃丁库沙计穷出降,献金玉宝货求免死。旭烈兀下令不分老少,一律诛灭。

旭烈兀击平木剌夷,七年,进攻报达。报达是回教主哈里发的都城,跨体格力斯河,分东、西两城,有骑兵十万,步兵数更多,守备极坚固。旭烈兀、怯的不花、布而嘎等军围东城,不花帖木儿、贝住等军屯体格力斯河上、下游，布置炮船，防哈里发遁走。八年正月，哈里发困极出降，蒙古军入城大杀掠七日，军民死八十万人。旭烈兀见哈里发储藏珍宝塔，大惊异，问哈里发道："你积聚财宝做什么用？你想不到你的敌人能夺取罢！你为什么不分给战士保护你的生命和城池？"哈里发无话可对。旭烈兀道，你既酷爱财宝，我让你尽量去吃财宝吧！哈里发囚禁塔中，四日饿死。

埃及属国西里亚，建都他木古斯。旭烈兀借口西里亚国主不来朝见，九年，分三军攻破他木古斯城。旭烈兀闻蒙哥死，退兵，命怯的不花镇守西里亚。

忽必烈封旭烈兀为伊而汗国主，国境南界印度洋，东界阿母河，西界匈牙利，北界钦察汗国，统治波斯小亚细亚土地，与察合台、钦察并称三大藩国。窝阔台汗国衰弱，不能比三大藩。

(二) 忽必烈、兀良合台征云南、安南（1253—1258）

蒙哥三年，命忽必烈率大将兀良合台（速不台子），自六盘山经西藏边界，绕长江上源，分兵三路，进攻大理国（云南）。大理本汉滇国，唐时蒙氏兼并六诏，号大理国。五代石晋时，段氏灭蒙氏，国分三蛮部。乌蛮在滇东，白蛮在滇西，鬼蛮在滇东北黔地（贵州）。蒙古兵攻入，十二月，国王段兴智败降。忽必烈回蒙古，留兀良合台经略土地，凡得五城、八府、四郡及乌白蛮三十七部，自此云南成为中国的一省。七年，兀良合台攻安南，国王陈日照请降。八年，蒙古军入广西，趋长沙，转鄂州，与忽必烈军会合。

（三）蒙哥攻宋（1258—1259）

蒙哥八年，自率大军攻宋四川，命忽必烈攻鄂州，命兀良合台引兵北还会攻。九年，蒙哥死合州钓鱼山下，蒙古全军退走。

四、忽必烈时代

（一）忽必烈灭宋（1273—1279）

忽必烈至元十年，破宋襄阳城。十三年，破临安。十六年，宋主赵昺死，宋亡。

（二）忽必烈征日本（1281年）

忽必烈在灭宋战争中，深感南方人民反抗力的坚强。至元十七年，命范文虎率南方军士十万人做主力，发动对日本侵略战。他知道，战胜自然有利，战败利益更大。诸将临行请训，他说："范文虎是降将，你们一定轻视他，将帅不和，未免可忧。"范文虎请战马二千匹及回回炮匠，他说："战船上用不着这些。"范文虎等弃军逃归，他并不重责，这都说明十余万人死在海外，正合他的心愿。

十八年五月，忻都、洪茶邱及高丽将金方庆、朴球、金周鼎等率蒙古、高丽、汉军四万人，战舰九百艘自高丽合浦出发，攻日本对马岛、壹岐岛。范文虎、李庭率蛮兵（南方军）十余万、战舰三千五百艘，至次能、志贺二岛，两军会合。七月，至平户岛，移屯五龙山。八月一日，飓风大作，战船破坏覆没，将士溺死无算。文虎等各择坚好船逃归合浦，士卒十余万留五龙山，悉被日本军杀死。逃归军士仅于阗、莫青、吴万五等三人。

五、赛马尔汗国征服五印度（1398—1765）

铁木真以后，蒙古兵屡攻印度，常战败不得志。元末明初，马尔汗国主帖木儿征服五印度，建立蒙古帝国。

元初，驸马不赛因受封阿母河北土地，建都寻思干城。传至赛马尔汗时，国势强盛，子孙因自称赛马尔汗国。元末，国主帖木儿战败土耳其军，恢复波斯地，又南并五印度，建都普加拉城。明朱厚熜嘉靖二年，赛马尔国入贡，有王二十七人；嘉靖十三年入贡，王增至五十三人。四分五裂，势力衰微。清弘历乾隆二十三年，英吉利将官克莱武大败蒙古兵，蒙古政权逐渐消灭。

蒙古族占领土地，忽必烈时代最为广大。东起朝鲜半岛，西至波斯小亚细亚及俄罗斯南部，南至印度支那半岛及南洋群岛一部（爪哇），北至贝加尔湖，造成世界史上空前的大帝国。其中中国满洲、蒙古直属元皇帝，置行省治事；高丽、吐蕃（西藏）、东南亚、西亚诸国是朝贡国；西方钦察等汗国各自为政，名义上算藩属。

四汗国简表

国名	领地	建都地	始祖	灭亡
钦察汗	东自吉利吉斯荒原，西至匈牙利，据有欧洲东北部土地	萨莱（浮而嘎河下游）	拔都（术赤子）	明朱见深成化十六年，为俄莫斯科大公伊凡三世所灭
察合台汗	阿母河以东至天山一带土地	阿穆尔（新疆伊犁西）	察合台（铁木真子）	明朱元璋洪武三年，为赛马尔汗国主帖木儿所灭
窝阔台汗	阿尔泰山一带及新疆北部土地	叶密尔（新疆塔城县境）	窝阔台（铁木真子）	国为元所灭，领地并入察合台汗国
伊而汗	俄属中亚南部伊兰高原西及小亚细亚一带土地	玛拉固阿（波斯西北乌罗米亚湖附近）	旭烈兀（拖雷子）	元末，为帖木儿所灭

宋辽金元四朝兵制

/ 吕 思 勉 /

宋朝的兵,共分四种,便是:

(一)禁兵;

(二)厢兵;

(三)乡兵;

(四)番兵。

乡兵、番兵,不是到处都有的。厢兵亦"罕教阅,给役而已"。所以可称为兵的,只有禁兵。但是禁兵到后来,"数日增而其不可一战也亦愈甚"。王安石起,欲以民兵代募兵。其初既厉行裁兵;后来募兵阙额,就收其费,以供民军教阅之用,所以民兵盛而募兵衰。(保甲法行于熙宁三年,其后命诸保丁习武,而上番于巡检兵。六年,行之于永兴、秦凤、河北、陕西、河东五路。元丰二年,立府界集教法,先教保长以武艺,再教他去转教保丁,谓之团教法。行之于河北、河东、陕西三路。以民兵代募兵，是件极重大的事情。熙宁元丰所行，原不敢说有多大的效果，但是据章惇说：当时赏赐，都取封桩或禁军阙额的钱，不曾费部一文。阅艺分为八等，劝奖极优。所以仕宦有力之家，子弟欣然趋赴。引对的时候，所骑的都是良马，而且鞍鞯华楚。马上的事艺，往往胜于诸军。章惇的话，容或有偏袒于一方面之处。然而当时的教阅民兵，不曾多费掉钱，而且不是毫无效果，却是可以断言的。）元祐复古，又把民兵教阅和保甲废掉，于是民兵亦衰。当熙宁置将的时候，禁军之数，共有五十九万（《文献通考》卷一百五十四引《建炎以来朝野杂记》）。元丰以后，固然递有减省。蔡京秉政，又利用诸军阙额，封桩其饷，以充上供。童贯带兵，打了败仗，都讳不肯言，只说是军士逃窜。于是并仅存的将兵而亦寥寥无几了。所以金兵一人，简直丝毫不能抵御。

　　宋朝的兵制，也是取中央集权制度的。当时可称为兵的，既然只有禁军；而全国的禁军，又都隶属于殿前都指挥司和侍卫亲军马步军都指挥司，谓之三衙，所以事权能够统一。南渡以后，立御前五军的名目：以杨沂中所带的为中军，张浚所带为前军，韩世忠所带为后军，岳飞所带为左军，刘光世所带为右军。刘光世的兵叛降齐后，以四川吴玠的兵升补。当时除杨沂中的兵，常居中宿卫。四川因路途太远，本不想中央集权外，韩、岳、张的兵，号为三宣抚司者，最为统一之梗。三人兵柄既解，才改其名为某州驻扎御前诸军。凡御前军，都是直隶朝廷的，不归三司节制。于是在事实上，御前军又变成此前的禁军，禁军又变成此前的厢军了。韩、岳、张、吴四人的兵，也谓之四大屯兵，其数共三十万。南渡以后的财政，颇为所困。

契丹的兵，共有五种，便是：

（一）御帐亲军。太祖征伐四方时，皇后述律氏居守。选四方的精锐，置属珊军二十万。太宗又置皮室军三十万。（以后每帝皆有宫卫，所以御帐亲军，无须增置。）

（二）宫卫军。

（三）大首领部族军。亲王大臣的私甲。

（四）部族军。

（五）五京乡丁。

（六）属国军。

乡丁是辽国的耕稼之民，战斗时不靠他做主力。属国是不直接属辽治理的；有事时虽可遣使征兵，而助兵多少，各从其便，也不能靠他做正式的军队。然则辽国正式的军队，就只有部族军。（御帐亲军和宫卫军，是部族军属于君主的。大首领部族军，是部族军属于亲王大臣的。其所属不同，而其实际，则和普通的部族军无以异。）所以《辽史》说："各安旧风，狃习劳事……家给人足，戎备整完。卒之虎视四方，强朝弱附……部族实为之爪牙云。"

女真初起时，部落极为寡弱。其时诸部之民，壮者皆兵。部长谓之孛堇。有警，则下令于本部，及诸部的孛堇征兵。诸部的孛堇，当战时，兵少的称为谋克，兵多的称为猛安。（猛安谋克的兵，初无定数。太祖二年，始定以三百人为一谋克，十谋克为一猛安。）金初兵数甚少，太祖起兵后，诸部来归的，皆授以猛安谋克，即辽汉之民亦然。其意盖欲多得他部族的人以为助力。此为金兵制的一变。熙宗以后，罢汉人渤海人承袭猛安谋克，专以兵柄归其本族。此为金兵制的又一变。

移剌窝斡叛后，把契丹的猛安谋克废掉，将其人分属于女真的猛安谋克。海陵迁都，把许多猛安谋克都迁徙到中都和山东河间。这一班人，就不能勤事生产，而从前尚武的风气，又日以消亡。宣宗南迁以后，尽把这一班人，驱之渡河。括了河南的民田，给他们耕种。而且把他们的家属，都安放在京城里。几年之后，到底养不活他们，只得又放他们出去。以致军心愈乱，士气更为颓丧。而他们得到田的，也都不能种，白白地荒废了民业。金朝兵力虽强，但是南迁之后，不过几十年，就大变了面目。贞祐三年，刘炳上书说："往岁……屡战屡衄，率皆自败。承平日久，人不知兵，将帅非才，既无靖难之谋，又无效死之节。外托持重之名，而内为自安之计。择骁果以自随，委疲懦以临阵。阵势稍动，望尘先奔，士卒从而大溃。"这种情形，竟和宋朝南渡时候无异。又《侯挚传》，上章言九事，说："从来掌兵者多用世袭之官，此属自幼骄惰，不任劳苦，且心胆懦怯。"则这种腐败情形，竟就是当初极精强的猛安谋克。至于签汉人为兵，则刘祁说金之兵制，最坏的就在乎此。他说："每有征伐及边衅，辄下令签军，使远近骚动。民家丁男若皆强壮，或尽取无遗。号泣动乎邻里，嗟怨盈于道路。驱此使战，欲其胜敌，难矣。"女真兵既不可用，要借助于汉人，又是如此，金朝的天下，就终不能维持了。

元朝的兵制，最初只有蒙古军和探马赤军。蒙古军是本部族人，探马赤军则诸部族人。入中原以后，发民为兵，是为汉军。平宋之后，所得的兵，谓之新附军。其辽东的糺军、契丹军、女真军、高丽军，云南的寸白军，福建的畲军，则都只守卫本地，不调至他方。（《元史》说："盖乡兵也。"）其成兵之法：蒙古军和探马赤军。"家有男子，十五以上，七十以下，无众寡，尽签为兵。十人为一牌，设牌头。上马则备战斗，下马则屯聚牧养。孩幼稍长，又籍之，曰渐丁军。"（这是行举国皆兵之制，人民服兵役的年限极长。）其平中原后的用汉军，则或以贫富为甲乙（户出一人的为"独军户"。合二三户而出一人，则以一户为"正军户"，余为"贴军户"），或以男丁论（常以二十丁出一卒。至元七年，十丁出一卒），或以户论（二十户出一卒，其富商大贾，则又取一人，谓之"余丁军"），都是一时之制。（当时又取匠为兵，曰"匠军"。取诸侯将校的子弟充军，谓之"质子军"。蒙语曰"秃鲁华军"。）天下既定，就把曾经当过兵的人，另定兵籍。凡在籍的人，服兵役的义务，都有一定的规定。（贫不能服兵役的，把几户并作一户，谓之"合并"。极穷的、老而无子的，除其籍。"绝户"另用百姓补足。）其募兵，则谓之答剌罕军。又有以技名的，则为炮军、弩军、水手军。元朝的兵籍，是不许汉人看的。就枢密院中，也只有一两个长官，晓得实数。所以元朝的兵数，无人晓得。

其带兵的官，初时是"视兵数多寡，为爵秩崇卑"。长万夫的为万户，千夫的为千户，百夫的为百户。宿卫之士曰"怯薛歹"，以四怯薛领之（都是功臣的子孙，世袭）。世祖定官制，于中央设前后左右中五卫，各置亲军都指挥使，以总宿卫。（但累朝仍各有怯薛。以致到后来，怯薛之数滋多；赏赐钞币，动以亿万计，颇为财政之累。五卫是仿汉制，设之以备官。四怯薛则系蒙古旧制。）外则万户之下置总管，千户之下置总把，百户之下置弹压，皆总之于枢密院，有征伐则设行枢密院。事已则废。

元朝镇戍之制，与当时的政治，颇有关系。《元史》说：

> 世祖……海宇混一……命宗王将兵镇边徼襟喉之地。而河洛、山东，据天下腹心，则以蒙古、探马赤军列大府以屯之。淮、江以南，地尽南海，则名藩列郡，又各以汉军及新附等军戍焉。皆世祖宏规远略，与二三大臣之所共议……李璮叛，分军民为二，而异其属，后因平江南，军官始兼民职……凡以千户守一郡，则率其麾下从之，百户亦然，不便。至是，令军民各异属，如初制……
>
> 国制，郡邑镇戍士卒，皆更相易置……既平江南，以兵戍列城，其长军之官，皆世守不易，故多与富民树党，因夺民田宅居室，蠹有司政事。

据此看来，可见得元朝的治中国，全是一种用兵力高压的政策。然而这种政策，总是不能持久的，所以《元史》说："承平既久，将骄卒惰，军政不修，而天下之势遂至于不可为。"

第六章
明清

发展与鼎盛

明初的武功

/ 吕思勉 /

明太祖既定天下，不知怎样，忽然想行起封建政策来。分封诸子于要地，各设傅相官属，体制甚隆。虽然不干预地方政事，而各设护卫兵——从三千人到一万九千人——在实际上，便也颇有些势力。而燕王棣、晋王㭎，以守御北边故，并得节制诸将，权势尤重。

明初封建表（除靖江王为太祖的从孙，余皆太祖的儿子）

秦王樉	西安
楚王桢	武昌
宁王权	大宁
鲁王檀	兖州
沈王模	潞州
代王桂	大同
郢王栋	安陆

（续表）

庆王㮵	宁夏
周王橚	开封
燕王棣	北平
潭王梓	长沙
韩王松	开原
湘王柏	荆州
唐王桱	南阳
辽王植	广宁
岷王楩	岷州
晋王㭎	太原
齐王榑	青州
谷王橞	宣州
蜀王椿	成都
肃王楧	甘州
伊王㰘	洛阳
赵王杞	未之国
安王楹	平凉
靖江王守谦	桂林

太祖对于民治，颇为留心，而猜忌特甚。诸功臣宿将，都坐谋反或株连诛死。所以一传之后，朝臣中已经没有什么知兵的人。太祖太子标，早卒，立其子允炆为太孙。1398年，太祖崩，允炆立，是为惠帝。用齐泰黄子澄之谋，"以法绳诸侯"。燕王棣就举

兵反。（棣初举兵的时候，建文帝派耿炳文、李景隆去讨他，都大败。棣遂陷德州，进攻济南。为都督盛庸参政铁铉所败，进复德州。棣兵势颇沮。刚刚这时候，有人告中官奉使侵暴，建文帝诏所在的有司捕治。于是中官差人到燕去，说京师可取。燕王就决意举兵南下。陷徐宿州，进陷泗州。东至扬州，都督佥事陈瑄以舟师叛附于棣，棣自瓜洲渡江，攻京城，京城遂陷。）1402年，陷京城，惠帝不知所终（惠帝出亡之说，大约是有的，可看《明通鉴》辨证）。棣即位，是为成祖。改北平为顺天。1421年，迁都焉。而以应天为南京。

明朝当成祖时，国威最盛。曾北破蒙古、瓦剌，南并安南，又招致南洋诸国。从宣宗以后，就日即于陵替了。鬼力赤篡元大汗之统，自称鞑靼可汗，旋为知院阿鲁台所杀。迎立元后本雅失里于别失八里（在如今迪化），成祖遣邱福征之，败没。1410年，自将讨破之。本雅失里后为瓦剌马哈木所杀，阿鲁台来降。后复有叛意。1422年、1424年，成祖两次亲征，击破之。1434年，阿鲁台亦为瓦剌脱欢所袭杀。

安南陈氏，1399年为外戚黎季犛所篡。季犛复姓胡，建国号曰大虞。旋传位于子汉仓。诡言陈氏后绝，为国人所推戴，请封于明朝。成祖封为安南国王。已而安南的旧臣裴伯耆来告难。老挝也送安南明宗的儿子，名唤天平的，来到中国。成祖切责黎氏，黎氏阳为谢罪，请迎接天平回去立他。成祖信以为真，谁知送到界上，给黎氏伏兵袭杀。成祖大怒。1406年，遣沐晟、张辅分出云南、广西讨之。明年，生擒黎季犛父子（送京师诛之），求陈氏后不可得，就把他的地方立了一个交趾布政司。安南从五代末和中国分立，到这时候，差不多有四百五十年，又暂时列于内地。当太祖时候，颇注意于招徕四夷。成祖篡位，更疑心惠帝逃在海外，要派人去踪迹他。于是有郑和下西洋之举。1405年，郑和造了大船，带着海军三万七千人。多赍金帛，从苏州的娄家港（如今的浏河口，当时江苏泛海，从此出口）出海，经福建达占城，遂遍历南洋诸国。"不服者威之以兵"，于是诸国都纷纷朝贡。和前后凡七奉使，三擒番长。后来奉使的人，还借着他的名字以耸动外国。也可以算得有些建树的人。可惜《明史》郑和的传，非常简略。《外国传》里，对于南洋诸国的道里位置等，也阙焉不详。如今就《明史》所载诸国国名，参以近人所考校，解释其今地如下。

吕宋	今同名
合猫里	在菲律宾群岛中
美洛居	如今的摩鹿加
沙瑶	未详
婆罗	如今的婆罗洲
麻叶瓮	如今比利敦附近的岛屿
交烂山	如今苏门答腊东方的比利敦群岛
古麻剌朗	未详
冯嘉施兰	未详

（续表）

文郎马神	未详
宾童龙	如今柬埔寨的岬
爪哇（亦作阇婆）	如今的爪哇
苏吉丹	爪哇属国，当在其附近
碟里	近爪哇
日罗夏治	近爪哇
三佛齐	如今苏门答腊的巴邻旁
渤泥	如今苏门答腊的西北境
满剌加	如今的马六甲
苏门答腊（后改名哑齐）	如今的苏门答腊。哑齐为其西北境
苏禄	如今的苏禄岛
西洋琐里	未详
琐里	未详
览邦	未详。以下三国，《明史》说"在西南海中"，当系印度洋中岛屿
淡巴	未详
百花	未详
彭亨	在如今马来半岛
那孤儿	在如今苏门答腊西境
黎伐	同上
南渤利	在哑齐之西
阿鲁（一名哑鲁）	如今的亚罗亚群岛（在苏门答腊马来半岛之间）
柔佛	如今马来半岛南端

（续表）

丁机宜	同上
巴喇西	未详
古里	如今印度的科利库特尔
柯枝	如今印度的柯钦
大小葛兰	如今印度的奎隆
锡兰山	如今的锡兰岛
榜葛剌	如今的孟加拉
沼纳朴儿	榜葛剌西
祖法儿	如今阿拉伯半岛的设黑尔
木骨都束	如今非洲的东岸
不剌哇	同上
竹步	同上
阿丹	如今的亚丁
剌撒	在如今阿拉伯半岛马利尔拉附近
麻林	未详
忽鲁谟斯	如今波斯湾外的霍尔木兹
溜山	未详。《明史》说"在锡兰南，顺风七昼夜可至"，以下四国，都应当在如今印度洋中。但不能确指其地
南巫里	未详
加异勒	未详
甘巴里	未详
忽兰丹	未详

（续表）

沙里湾尼	未详
底里	《明史》说"地近沼纳朴儿"，或即特里
千里达	未详
失剌比	未详
古里班卒	未详
剌泥	未详
白黑葛达	报达

以上诸国，有当明初一通朝贡，后来就不来的，也有朝贡终明之世的，又间有招谕不服，威之以兵的。中国人到南洋去经商做工的，实在不少。《明史》虽无确实的记载，然而诸国传中，也隐约可见。惜乎限于篇幅，不能一一摘出详考。读者诸君，可自取原书披览。其在海外作"蛮夷大长"的，也大有其人。据《明史》所载，则有吕宋的潘和五，婆罗的王，爪哇新邨的村主，三佛齐的梁道明、陈祖义。然而实际一定还不止此，不过都湮不传罢了。（近人新会梁氏，著《中国殖民八大伟人传》，除根据《明史》，又有得诸口碑的：戴燕国王吴元盛、昆甸国王罗大、柔佛的叶来、沙剌的嘉应人，共四人。）哥伦布的发现新大陆，事在1492年。上距郑和的航行南洋，凡八十七年。从此以后，西洋人接踵东航，南洋的形势，就一变了。所以明代和南洋的交通，要算是南洋诸国，对于我畏威怀德最后的历史。

倭寇和丰臣秀吉

/ 吕思勉 /

明朝和外国的交涉,还有一件"倭寇"和万历时救援朝鲜的事情,也得略叙一叙。日本自和元朝交兵后,就禁止国里的百姓,不准和中国交通,于是偷出海外来做买卖的都是些无赖的人,久之,遂流为海盗。元中叶后,日本分为南北朝。明初,南朝为北朝所并。其遗臣,有逃入海中的,也和海盗相合。于是其势渐盛,屡次剽掠中国和朝鲜的沿岸。然而这时候,其侵掠的主要地方在于朝鲜,中国的受害还不如朝鲜的深。日本从分裂以来,积苦兵戈,统一之后,沿海诸国,都想靠海外互市弄几个钱。所以对中国朝鲜,贸易颇盛。从日本向中国,最近的海口就是浙江。明初,也没有市舶司,以管理互市的事情。嘉靖年间,废司不设。和日本商人做买卖的,都是些贵官势家。欠钱不还,弄得日本商人流落海外,不能回国,就都变作海盗。沿海的人民,也有依附他的。以海岛为根据地,"饥则入掠,饱则远扬"。沿海的强盗又"冒其旗帜",到处劫掠。明初为防倭寇起见,沿海地方本都设有卫所,备有战船。承平久了,"船敝伍虚"。临时募渔船征剿,毫无用处。于是倭寇纵横千里,如入无人之境。"浙东西,江南北",沿海之地,无不被其侵掠,甚至溯江而上,直抵南京。明朝竟无如之何。直到1556年,胡宗宪总督浙江军务,捕诛奸民陈东平、徐海。明年,又诱诛盗魁汪直。倭寇失其耳目,势才渐衰。于是转掠闽广。到1563年,为总兵俞大猷、戚继光所讨平。然而沿海之地,已弄得凋敝不堪了。

倭寇之乱,只是一种盗贼的行为,原算不得日本国家的举动。却是隔不到三十年,日本的武人又行起侵略政策来。原来日本从开国以来,世世和虾夷为敌。唐德宗时,日本拓地益广,就于东北边置征夷大将军。源氏平氏,世守其地。从宋朝以后,日本国王都喜欢传位于子弟,自为太上皇,而又依旧要掌握政权,于是往往数上皇并立,或者一个上皇握权数世,屡起纷争,总是借源、平二氏为助。其初平氏以外戚执政,后来为源氏所灭。源氏遍置"武职"于诸州,以守护"封土",而总其权于征夷大将军,于是全国政权尽归幕府,天皇不过徒有虚名而已(日本的天皇,所以能一系相传到现在,就是为此)。源氏自居镰仓,派家臣北条氏守护京城。数传之后,又为北条氏所灭(当元世祖伐日本时,握日本政权的,就是北条氏)。元英宗时,日本后醍醐天皇,借北条氏家臣足利氏之力,把北条氏灭掉。旋又为足利氏所逼,退保吉野,足利氏别立一君，日本就分为南北朝，到明初才统一。从源氏置"武职"以来，都是各据土地，子孙世袭，已成封建之势。足利氏初起时，要借将士之力抵抗天皇，格外广行封建。到南朝既灭，而足利氏亦衰。其所封建的将士，个个据地相争，足利氏又"势成赘疣"。而足利氏的将士，又各有其将士，又要分裂相争。日本的政权，就入于"陪臣之臣"之手。全国分裂。明世宗时，织田氏的将丰臣秀吉，起而征讨全国，战无不胜，诸侯无不慑服。然而秀吉念乱源终未尽绝，就想把这班人送到国外，开一次战争，就有侵犯朝鲜的事情。

朝鲜的王室李氏，在高丽王氏时候本是世代将家，太祖成桂，又以讨倭寇有名，因此取王氏而代之。开国之初，兵力亦颇强盛。李朝累世，皆极注意于文化。然武备实颇废弛。在高丽王氏以前，朝鲜半岛，佛教盛行，元朝时候，宋学才输入。朝鲜近世的文化上，很受些宋学的益处，然而也沾染了宋朝人的习气，好立门户，事党争。从明朝中叶时候起，直到1910年亡国为止[1]，党祸竟不曾能够消灭，真是言之痛心了。神宗万历十九年（1591年），日本丰臣秀吉贻书朝鲜，叫朝鲜人替他做向导去伐明。这时候，朝鲜人分为东、西二党。西党说日本人一定要来侵犯的，东党竭力反对。朝鲜宣祖相信东党，毫不设备。明年，丰臣秀吉派小西行长带兵二十万攻朝鲜。从釜山登岸，直逼京城。朝鲜仓促遣兵御之，大败。宣祖奔开城，旋又逃到平壤，又逃到义州。告急于明。明朝以

---

[1] 朝鲜于1910年被日本侵吞，1945年8月15日解放。——编者注

宋应昌为经略，李如松为东征提督，率兵往援。如松战于平壤，大捷，尽复汉江以北之地。旋又轻进遇伏，大败于碧蹄馆（在坡州之南）。这时候，朝鲜人全国流离，饿莩载道，日本兵也没有粮饷，又平壤一战，晓得明兵非朝鲜兵可比，士气颇为沮丧，于是退军庆尚南道。而明朝从碧蹄馆一败，也觉得用兵没有把握，于是抚议复起（先是平壤未战以前，兵部尚书石星募人使日本军。嘉兴人沈惟敬，应募而往。及平壤战后，抚议遂绝）。及是，再差沈惟敬前往。迁延到1596年，才派沈惟敬去，封秀吉为日本国王。秀吉不受，反遣清正行长再发兵十四万去攻朝鲜。神宗大怒，下沈惟敬于狱，以邢玠为总督，发兵救朝鲜。玠至，督诸军划汉江而守。相持到明年，丰臣秀吉死了，日本兵才退回去。这一次，明朝调兵运饷，骚动全国，竟其没有善策。然而朝鲜人从此以后，深深感激中国。到后来，虽然受清朝的兵力压迫，始终心向着明朝。清朝既经入关，朝鲜孝宗，还"训卒厉兵，欲伺其后"。到吴三桂举兵时，不幸孝宗短命死了。孝宗的儿子显宗，是个柔懦无能的人，不能继父之志。然而朝鲜士人之中，还有三上万言书，请"追先朝薪胆之志"的。肃宗时候，造了一个"大报坛"，以太牢祀明神宗（英祖时，并祭明太祖和毅宗），模刻明成化中所赐印，为子孙"嗣位之宝"。正祖辑《尊周汇编》，尤"三致尊攘之意"。终李朝一朝，始终没用清朝的年号，奉清朝的正朔。天下最可贵的是人情！这种深厚的感情，在历史上遗传下来，将来中国人和朝鲜人，总有互相提携的一天的，历史上的年代长着哩，数十百年，算得什么？看的人请等着便了。

明代的军兵
/ 吴 晗 /

一、军与兵

明初创卫所制度，划出一部分人为军，分配在各卫所，专负保卫边疆和镇压地方的责任。军和民完全分开。中叶以后，卫军废弛，又募民为兵，军和兵成为平行的两种制度。

军是一种特殊的制度，自有军籍。在明代户口中，军籍和民籍、匠籍平行，军籍属于都督府，民籍属于户部，匠籍属于工部。军不受普通行政官吏的管辖，在身份、法律和经济上的地位都和民不同。军和民是截然地分开的。兵恰好相反，任何人都可应募，在户籍上也无特殊的区别。军是世袭的，家族的，固定的，一经为军，他的一家系便永远世代充军，住在被指定的卫所。直系壮丁死亡或老病，便须由次丁或余丁替补。如在卫所的一家系已全部死亡，还须到原籍勾族人顶充。兵则只是本身自愿充当，和家族及子孙无关，也无固定的驻地，投充和退伍都无法律的强制。军是国家经制的、永久的组织，有一定的额数、一定的戍地。兵则是临时招募的、非经制的，无一定的额数，也不永远屯驻在同一地点。

在明代初期，军费基本上是自给自足的，军饷的大部分由军的屯田收入支给。在国家财政的收支上，军费的补助数量不大。虽然全国的额设卫军总数达到二百七十余万的庞大数字[1]，国家财政收支还能保持平衡。遇有边方屯田的收入不敷支给时，由政府制定"开中"的办法，让商人到边塞去开垦，用垦出的谷物来换政府所专利的盐引，取得买盐和卖盐的权利。商人和边军双方都得到好处。

兵是因特殊情势，临时招募的。招募时的费用和入伍后的月饷都是额外的支出。这种种费用原来没有列在国家预算上，只好临时设法，或加赋，或加税，或捐纳，大部由农民负担。因之兵的额数愈多，农民的负担便愈重。兵费重到超过农民的负担能力时，政府的勒索和官吏的剥削引起农民的武装反抗。政府要镇压农民，又只好增兵，这一笔费用还是出在农民身上。

卫所军经过长期的废弛而日趋崩溃，军屯和商屯的制度也日渐破坏，渐渐地不能自给，需要由国家财政开支。愈到后来，各方

---

[1] 《明史》卷九一《兵志》三，弘治十四年（1501年）兵部侍郎李孟旸《请实军伍疏》："天下卫所官军原额二百七十余万。"

面的情形愈加变坏，需要国家的财政供给也愈多。这费用也同样地需由农民负担。同时又因为军力的损耗，国防脆弱，更容易引起外来的侵略。卫军不能作战，需要募兵的数量愈多。这两层新负担，年复一年地递加，国家全部的收入不够军兵费的一半，只好竭泽而渔，任意地无止境地增加农民的负担，终于引起历史上空前的农民暴动。政府正在用全力去镇压，新兴的建州却又乘虚而入，在内外交逼的情势下，颠覆了明室的统治权。

除中央的军和兵，在地方的有民兵、民壮（弓兵、机兵、快手）、义勇种种地方警备兵。在边地的有土兵（土军）、达军（蒙古降卒）。在内地的有苗兵、狼兵（广西土司兵）、土兵等土司兵。将帅私人又有家丁、家兵、亲兵。各地职业团体又有由矿工所组织的矿兵，盐丁所组织的盐兵，僧徒所组织的少林兵、伏牛兵、五台兵。也有以特别技艺成兵的，如河南之毛葫芦兵、习短兵，长于走山；山东有长竿手，徐州有箭手，井陉有蚂螂手，善运石，远可及百步；福建闽漳泉之镖牌兵；等等。[1]

从养军三百万基本上自给的卫兵制，到军兵费完全由农民负担，国库支出；从有定额的卫军，到无定额的募兵；从世袭的卫军，到雇用的募兵，这是明代历史上一件大事。

次之，军因历史的、地理的、经济的关系，集中地隶属于国家。在战时，才由政府派出统帅总兵，调各卫军出征。一到战事

---

[1] 《明史》卷九一《兵志》三，弘治十四年兵部侍郎李孟旸《请实军伍疏》。

终了，统帅立刻被召回，所属军也各归原卫。军权不属于私人，将帅也无直属的部队。兵则由将帅私人所招募、训练，和国家的关系是间接的。兵费不在政府的岁出预算中，往往须由长官向政府力争，始能得到。同时兵是一种职业，在中央权重的时候，将帅虽有私兵，如嘉靖时戚继光之戚家军，俞大猷之俞家军，都还不能不听命于中央。到明朝末年，民穷财尽，内外交逼，在非常危逼的局面下，需要增加庞大的兵力，将帅到处募兵，兵饷都由将帅自行筹措，发生分地分饷的弊端，兵皆私兵，将皆藩镇，兵就成为扩充将帅个人权力和地位的工具了。

二、卫所制度

明太祖即皇帝位后，刘基奏立军卫法（《明史》卷一二八《刘基传》）。《明史》卷八九《兵志·序》说：

> 明以武功定天下，革元旧制，自京师达于郡县，皆立卫所。外统之都司，内统于五军都督府，而上十二卫为天子亲军者不与焉。征伐则命将充总兵官，调卫所军领之。既旋则将上所佩印，官军各回卫所，盖得唐府兵遗意。

这制度的特点是平时把军力分驻在各地方，战时才命将出师，将不专军，军不私将，军力全属于国家。卫所的组织，《兵志》二《卫所》记：

> 天下既定，度要害地，系一郡者设所，连郡者设卫。大率五千六百人为卫，千一百二十人为千户所，百十有二人为百户所。所设总旗二，小旗十，大小联比以成军。

卫有指挥使，所有千户百户。总旗辖五十人，小旗辖十人。各卫又分统于都指挥使司（简称都司），司有都指挥使，为地方最高军政长官，和治民事的布政使司、治刑事的按察使司并称三司，洪武二十六年（1393年）时定天下都司卫所，共计都司十七（北平、陕西、山西、浙江、江西、山东、四川、福建、湖广、广东、广西、辽东、河南、贵州、云南、北平三护卫、山西三护卫）。行都司三（北平、江西、福建）。留守司一（中都）。内外卫三百二十九，守御千户所六十五。成祖以后，多所增改，都司增为二十一（浙江、辽东、山东、陕西、四川、广西、云南、贵州、河南、湖广、福建、江西、广东、大宁、万全、山西、四川行都司、陕西行都司、湖广行都司、福建行都司、山西行都司）。留守司二（中都、兴都）。内外卫增至四百九十三，守御屯田群牧千户所三百五十九。[1]

全国卫军都属于中央的大都督府。大都督府掌军籍，是全国的最高军事机关。洪武十三年（1380年）分大都督府为中、左、

---

[1] 按《明史·职官志》五："计天下内外卫凡五百四十有七，所凡二千五百九十有三。"

右、前、后五军都督府。洪武二十六年定分领在京各卫所及在外各都司卫所。其组织如下：

五军都督府
- 左军都督府
  - 在京卫所
  - 浙江都司
  - 辽东都司
  - 山东都司
- 右军都督府
  - 在京卫所
  - 云南都司
  - 贵州都司
  - 四川都司
  - 陕西都司
  - 广西都司
- 中军都督府
  - 在京卫所
  - 中都留守司
  - 河南都司
  - 在外直隶扬州卫等卫所
- 前军都督府
  - 在京卫所
  - 湖广都司
  - 福建都司
  - 福建行都司
  - 江西都司
  - 广东都司
  - 在外直隶九江卫
- 后军都督府
  - 在京卫所
  - 北平都司
  - 北平行都司
  - 山西都司
  - 山西行都司
  - 北平三护卫
  - 山西三护卫

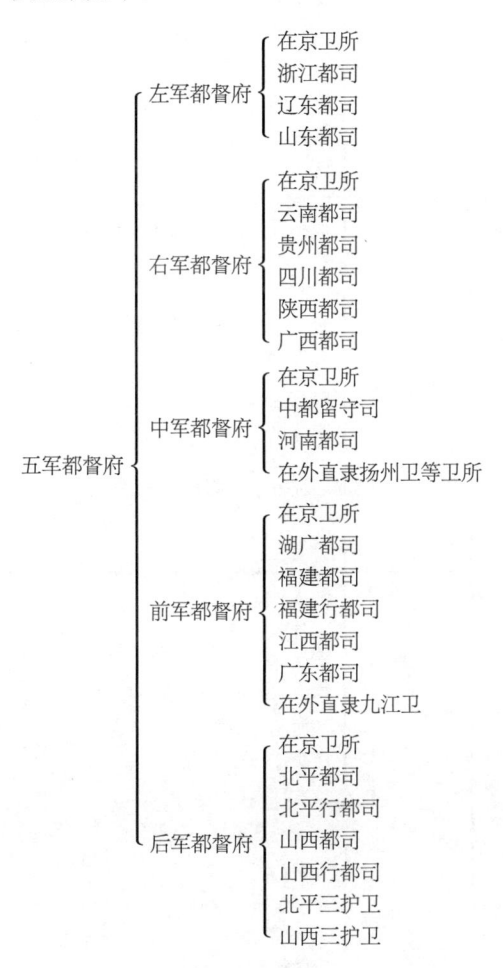

每府设左右都督各一，掌治府事。成祖以后，又改组如下：

- 五军都督府
  - 左军都督府
    - 在京卫所
    - 浙江都司
    - 辽东都司
    - 山东都司
  - 右军都督府
    - 在京卫所
    - 陕西都司
    - 陕西行都司
    - 四川都司及土官（天全六番招讨司、陇本头长官司等土司）
    - 四川行都司及土官（昌州长官司等土司）
    - 广西都司
    - 云南都司及土官（茶山长官司等土司）
    - 贵州都司及土官（新添长官司等土司）
    - 在外直隶宣州卫
  - 中军都督府
    - 在京卫所
    - 中都留守司
    - 河南都司
    - 在外直隶扬州卫等卫所
  - 前军都督府
    - 在京卫所
    - 湖广都司及土官（永顺军民宣慰司等土司）
    - 湖广行都司
    - 兴都留守司
    - 福建都司
    - 福建行都司
    - 江西都司
    - 广东都司
    - 在外直隶九江卫
  - 后军都督府
    - 在京卫所
    - 大宁都司
    - 万全都司
    - 山西都司
    - 山西行都司
    - 在外直隶蓟州卫等卫所

各地都司分隶于各都督府，其组织如下：

第六章　明清：发展与鼎盛　　205

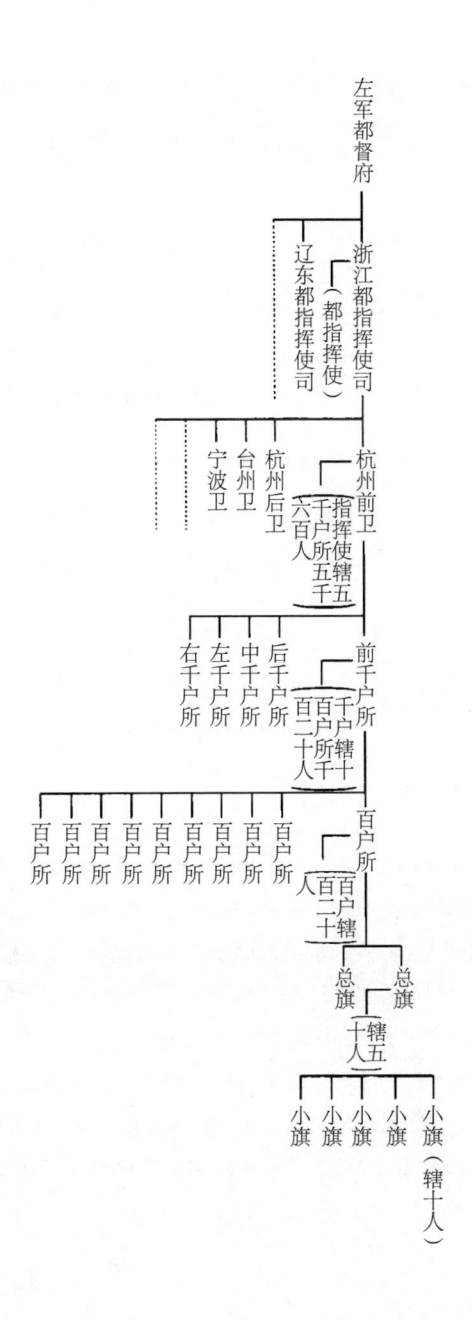

```
左军都督府
├┈┈┈ 辽东都指挥使司（都指挥使）
└─── 浙江都指挥使司
      ├── 宁波卫
      ├── 台州卫
      ├── 杭州后卫
      └── 杭州前卫（指挥使辖五千六百户所五千六百人）
          ├── 右千户所
          ├── 左千户所
          ├── 中千户所
          ├── 后千户所
          └── 前千户所（千户所辖十百户一千二百人）
              └── 百户所（百户辖十总旗一百二十人）
                  ├── 总旗
                  └── 总旗（辖五小旗）
                      ├── 小旗
                      ├── 小旗
                      ├── 小旗
                      └── 小旗（辖十人）
```

和都督府相配合的机关是兵部，长官为兵部尚书，"掌天下武卫官军选授简练之政令"，其下设四清吏司，各设郎中一人，员外郎一人，主事二人：

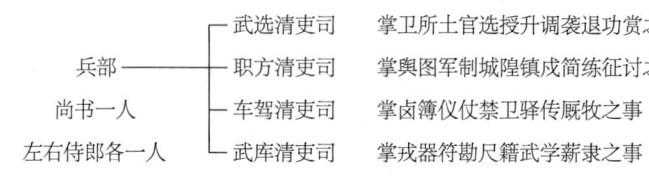

兵部	武选清吏司	掌卫所土官选授升调袭退功赏之事
尚书一人	职方清吏司	掌舆图军制城隍镇戍简练征讨之事
左右侍郎各一人	车驾清吏司	掌卤簿仪仗禁卫驿传厩牧之事
	武库清吏司	掌戎器符勘尺籍武学薪隶之事

都督府是统军机关，各省各镇镇守总兵官副总兵都以三等[1]真署都督及公侯伯充任。有大征讨，则由政府指派挂诸号将军[2]或大将军前将军副将军印总兵出，事定缴印回任。明初开国时，武臣最重[3]，英国公张辅兄信，至以侍郎换授指挥同知。武臣出兵，多用文臣参赞，如永乐六年（1408年）黔国公沐晟讨交趾简定，以尚

---

[1] 左右都督，都督同知，都督佥事。

[2] 《明史》卷六八《舆服志》四："武臣受重寄者，征西、镇朔、平蛮诸将军，银印，虎纽，方三寸三分，厚九分，柳叶篆文。洪武中尝用上公佩将军印，后以公、侯、伯及都督充总兵官，名曰挂印将军。有事征伐，则命总兵佩印以往，旋师则上所佩印于朝。"卷七六《职官志》五："其总兵挂印称将军者，云南曰征南将军，大同曰征西前将军，湖广曰平蛮将军，两广曰征蛮将军，辽东曰征虏前将军，宣府曰镇朔将军，甘肃曰平羌将军，宁夏曰征西将军，交趾曰副将军，延绥曰镇西将军。诸印，洪熙元年制颁。其在蓟镇、贵州、湖广、四川及儹运淮安者，不得称将军挂印。"

[3] 《明史》卷一四五《张信传》："帝尝谓英国公辅：'有兄弟可加恩者乎？'辅顿首言：'辄、轵蒙上恩，备近侍，然皆奢侈。独从兄侍郎信贤，可使也。'帝召见信曰：'是英国公兄耶？'趣武冠冠之，改锦衣卫指挥同知，世袭。时去开国未远，武阶重故也。"

书刘俊参军事。宣德元年（1426年）成山侯王通讨交趾黎利，以尚书陈洽参赞军务。正统以后，文臣的地位渐高，出征时由文臣任总督或提督军务，经画一切，武臣只负领军作战的任务。如正统六年（1441年）麓川之役，定西伯蒋贵充总兵官，以兵部尚书王骥总督军务，正统十四年（1449年）讨福建邓茂七，宁阳侯陈懋为总兵官，以刑部尚书金濂提督军务。成化元年（1465年）讨大藤峡瑶，都督同知赵辅为征夷将军，以左佥都御史韩雍赞理军务。同年出兵镇压荆、襄农民暴动，抚宁伯朱永充靖虏将军，以工部尚书白圭提督军务。三年讨建州，武靖伯赵辅充总兵官，以左都御史李秉提督军务。从此文臣统帅，武臣领兵，便成定制。在政府的用意是以文臣制武臣，防其跋扈。结果是武臣的地位愈来愈低。正德以后幸臣戚里多用恩幸得武职，愈为世所轻。在内有部、科，在外有监军、总督、巡抚，重重弹压，五军都督府职权日轻，将弁大帅如走卒，总兵官到兵部领敕，必须长跪，"间为长揖，即谓非体"。到了末年，卫所军士，虽一诸生，都可任意役使了。

各省都指挥使是地方的最高军政长官，统辖省内各卫所军丁，威权最重。在对外或对内的战事中，政府照例派都督府官或公侯伯出为总兵官，事后还任。明初外患最频的是北边的蒙古，派出边地防御的总兵官渐渐地变成固定，冠以镇守的名义，接着在内地军事要害地区也派总兵官镇守，独任一方的军务。又于其下设分守，镇守一路；设守备，镇守一城或一堡。至和主将同城的则称为协守。总兵之下有副总兵、参将、游击将军、守备、把总等名号。总兵是由中央派出的，官爵较高，职权较专，都指挥使是地方长官，渐渐地就成为总兵官的下属了。后来居上，于是临时派遣的总兵官驻守在固定的地点，就代替了都指挥使原来的地位了。

总兵官变成镇守地方的军事统帅以后，在有战事时，政府又派中央大员到地方巡抚，事毕复命，后来巡抚也成固定的官名，驻在各地方。因为这官的职务是在抚安军民，弹压地方，所以以都御史或副佥都御史派充。因为涉及军务，所以又加提督军务或赞理军务，参赞军务名义。巡抚兼治一方的民事和军务，不但原来的都、布、按三司成为巡抚的下属，即总兵官也须听其指挥。景泰以后因军事关系，在涉及数镇或数省的用兵地区，添设总督军务或总制、总理，派重臣大员出任。有的兵事终了后即废不设，有的却就成为常设的官。因为辖地涉及较广，地位和职权也就在巡抚之上。末年"流寇"和建州内外夹攻，情势危急，政府又特派枢臣（兵部尚书）外出经略，后来又派阁臣（大学士）出来督师，权力又在总督之上。这样层层叠叠地加上统辖的上官，原来的都指挥使和总兵官自然而然地每况愈下，权力日小，地位日低了。综合上述的情形，从下图中我们可以看出明代地方军政长官地位的演变。

第六章 明清：发展与鼎盛

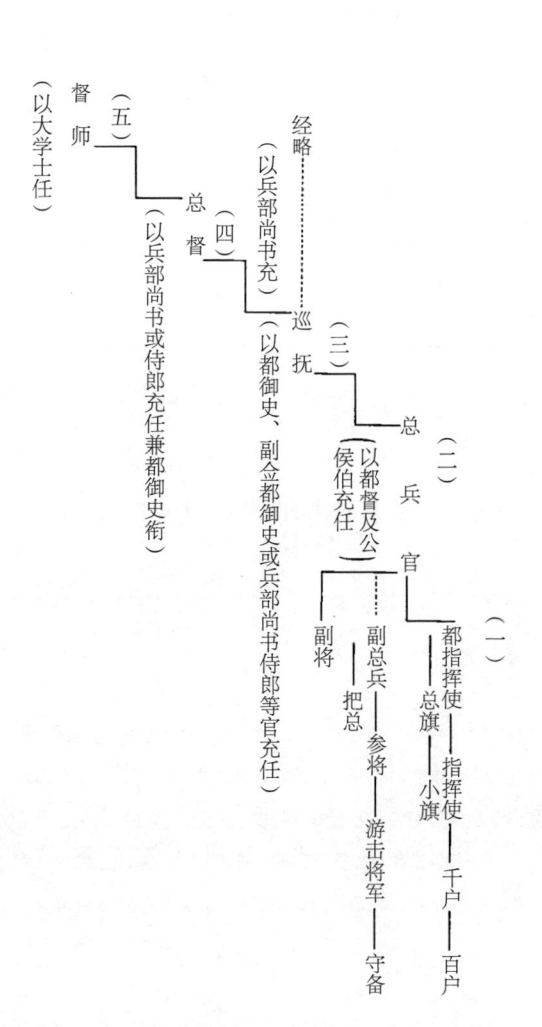

```
（五）督师（以大学士任）
        │
        └─（四）总督（以兵部尚书或侍郎充任兼都御史衔）
              │
              └─ 经略（以兵部尚书充）┈┈ 巡抚（以都御史、副佥都御史或兵部尚书侍郎等官充任）
                                          │
                                          └─（三）总兵官（以都督及公侯伯充任）
                                                │
                                                ├─ 副将
                                                ├─ 副总兵 ── 参将 ── 游击将军 ── 守备
                                                └─ 把总
                                                      │
                                                      └─（一）都指挥使 ── 指挥使 ── 千户 ── 百户
                                                                    ├─ 总旗
                                                                    └─ 小旗
```

卫所军丁的总数，在政府是军事秘密，绝对不许人知道，[1]甚至掌治军政的兵部尚书和专司纠察的给事御史也不许与闻。[2]我们现在就《明太祖实录》卷二二三记载看，洪武二十五年的军数如下：

在京武官	2747员	在外武官	13742员
军　　士	206280人	军　　士	992154人
马	4751匹	马	40329匹

总数超过一百二十万。洪武二十六年以后的军数，按卫所添设的数量估计，应该在一百八十万以上。明成祖以后的军数，约在二百八十万左右。[3]万历时代的军数如下表[4]：

---

[1] 敖英《东谷赘言》下："我国初都督府军数，太仆寺马数，有禁不许人知。"

[2] 陈衍《槎上老舌》："祖制：五府军，外人不得与闻，惟掌印都督司其籍。前兵部尚书邝埜向恭顺侯吴某索名册稽考，吴按例上闻，邝惶惧疏谢。"《明史》卷八九《兵志》一："先是，京师立神机营，南京亦增设，与大小二教场同练，军士常操不息，风雨方免。有逃籍者，宪宗命南给事御史时至二场点阅。成国公朱仪及太监安宁不便，诡言军机密务，御史诘问名数非宜。帝为罪御史，仍令守备参赞官阅视，著为令。"

[3] 《明史》卷九一《兵志》三，弘治十四年兵部侍郎李孟旸《请实军伍疏》："天下卫所官军原额二百七十余万。"

[4] 《大明会典》卷一二九至一三〇各镇分例。

各镇军马额数表

各 镇	军 数 原额*	军 数 现额*	马 数 原额*	马 数 现额*
蓟镇：蓟州	39339	31658	10700	6399
密云	9065	33569	2032	13120▲
永平	22307	39940	6083	15080▲
昌平	14295	19039	3015	5625▲
辽东	94693	83340	77001	41830▲
保定	29308	34697	1199	4791▲
宣府	151452	79258	55274	33147▲
大同	135778	85311	51654▲	35870▲
山西	25287	55295	6551▲	24764▲
延绥	80196	53254	45940	32133▲
宁夏	71693	27934	22182	14657▲
固原	126919	90412	32250▲	33842▲
甘肃	91571	46901	29318	21660▲
四川	14822	10897		
云南	63923	62593		
贵州		28355		
广西	121289	13097		
		25854		
湖广		68829		
广东		29947		
		35268		
南直隶	102167			
		7149		
浙江	130188	78062		
江西	39893	20848		
南赣		9148		
		8171		
		829		
		1928		
福建	125381	38475		
山东	43631			
	2217			
河南	3177			
	20020			
总共	1586611	1120058	343199	282918

* 原额：永乐以后　现额：万历初年

▲包括马驼牛骡在内

明初卫所军士的来源，大概可分四类，《明史》卷九〇《兵志》二记：

> 其取兵，有从征，有归附，有谪发。从征者，诸将所部兵，既定其地，因以留戍。归附，则胜国及僭伪诸降卒。谪发，以罪迁隶为兵者。其军皆世籍。

从征和归附两项军士都是建国前后的旧军。谪发一项则纯以罪人充军，名为恩军[1]，亦称长生军[2]。如永乐初屠杀建文诸臣，一人得罪，蔓连九族外亲姻连都充军役。[3]成化四年（1468年）项忠平荆、襄农民暴动，俘获三万余人，户选一丁戍湖广边卫（《明史》卷一七八《项忠传》）。都是著例。

除以上三项，第四类是垛集军，是卫军最大的来源。《明史》卷九二《兵志》四说：

> 明初，垛集令行，民出一丁为军，卫所无缺伍，且有羡

---

[1] 《明太祖实录》卷二三二："洪武二十七年（1394年）四月癸酉，诏兵部凡以罪谪充军者，名为恩军。"

[2] 陆容《菽园杂记》卷八："本朝军伍，皆谪发罪人充之，使子孙世世执役，谓之长生军。"

[3] 黄瑜《双槐岁钞》卷四："惟齐（泰）、黄（子澄）奸恶，九族外亲姻连，亦皆编伍。有遍一县连蔓尽而及他邦者，人最苦之。"

丁……成祖即位，遣给事等官分阅天下军，重定垛集军更代法。初，三丁已上，垛正军一，别有贴户，正军死，贴户丁补。至是，令正军、贴户更代，贴户单丁者免；当军家蠲其一丁徭。

平民一被佥发充军，便世世子孙都入军籍，不许变易。民籍和军籍的区分极为严格。[1]民户有一丁被垛为军，政府优免他的原籍老家的一丁差徭，以为弥补。军士赴戍所时，宗族为其治装，名为封桩钱。[2]在卫军士除本身为正军，其子弟称为余丁或军余，将校的子弟则称为舍人。宣德四年（1429年）定例免在营余丁一丁差役，令其供给军士盘缠（《大明会典》卷一五五）。边军似乎较受优待，如辽东旧制，每一军佐以三余丁。[3]内地的余丁亦称帮丁，专供操守卒往来费用。[4]日常生活则概由政府就屯粮支给，按月发米，称为月粮，其多少以地位高下分等差。洪武时令在京在外各卫马军月支米二石，步军总旗一石五斗，小旗一石二斗，步军一

---

[1]《明太祖实录》卷一三一："洪武十三年五月乙未，诏曰：军民已有定籍。敢有以民为军，乱籍以扰吾民者禁止之。"

[2] 宋濂《宋学士文集》补遗三《棣州高氏先茔石表辞》："北兵戍南土者宗族给其衣费，谓之封桩钱。"这名称到明代也仍沿用。

[3]《明史》卷二〇三《吕经传》："故事，每军一，佐以余丁三。"

[4]《明史》卷二〇五《李遂传》："嘉靖三十九年（1560年），江北池河营卒以千户吴钦革其帮丁，殴而缚之竿，帮丁者，操守卒给一丁，资往来费也。"

石。守城者如数给，屯田者半之。[1]恩军家四口以上一石，三口以下六斗，无家口者四斗。月盐有家口者二斤，无者一斤（《明史》卷八二《食货志》六《俸饷》）。衣服则岁给冬衣、棉布、棉花、夏衣、夏布，在出征时则例给胖袄、鞋裤（同上书卷一七七《王复传》）。

三、京军

明初定都南京，集全国卫军精锐于京师。有事以京军为主力，抽调各地卫军为辅。又因蒙古人时图恢复，侵犯北边，命将于沿边安置重兵防守，分封诸子出王边境，大开屯田，且耕且守。靖难役后，明成祖迁都北京，以首都置于国防前线，成为全国的军事中心。定制立三大营，一曰五军，一曰三千，一曰神机，合称为京军。

五军营的组织，太祖时设大都督府，节制中外诸军，京城内外置大、小二场，分教四十八卫卒。洪武四年（1371年）士卒之数二十万七千八百有奇。洪武十三年分大都督府为前、后、中、左、右五军都督府。成祖北迁后，增为七十二卫。永乐八年（1410年）亲征本雅失里，分步骑军为中军，左、右掖，左、右哨，称为五军。除在京卫所，每年又分调中都、山东、河南、大宁各都司兵

---

[1] 《明史》卷一七七《李秉传》："（景泰二年，1451年）言：'军以有妻者为有家，月饷一石，无者减其四。即有父母兄弟而无妻，概以无家论，非义，当一体增给。'从之。"同书卷二〇五《李遂传》："旧制，南军有妻，者月粮米一石，无者，减其四。春秋二仲，月米石折银五钱。"

十六万人，轮番到京师操练，称为班军。

三千营以边外降丁三千人组成。

神机营专用火器，永乐时平交趾得到火器，立营肄习。后来又得到都督谭广进马五千，置营名"五千"，掌操演火器。

三大营在平时，五军肄营阵，三千肄巡哨，神机肄火器。在皇帝亲征时，大营居中，五军分驻，步内骑外，骑外为神机，神机外为长围，周二十里，樵采其中。

皇帝侍卫亲军有锦衣卫和十二卫亲军。御马监又有武骧、腾骧，左、右卫，称四卫军。

明初京军总数在八十万以上。[1]永乐时征安南，用兵至八十万（《明史》卷一五四《张辅传》）。正统中征麓川，用兵亦十五万（同上书卷一七一《王骥传》）。永乐、宣德二朝六次对蒙古用兵，都以京军为主力。到正统十四年（1449年）土木之变，丧没几尽。《明史》卷一七〇《于谦传》说：

> 时京师劲甲精骑皆陷没，所余疲卒不及十万，人心震恐，上下无固志。

事后一面补充，一面着手改革。当时主持兵政的兵部尚书于

---

[1] 《明史》卷一八五《吴世忠传》："（弘治十一年，1498年）言：'国初设七十二卫，军士不下百万。'"同书卷八九《兵志》一："（嘉靖二十九年，1550年），吏部侍郎王邦瑞摄兵部，因言：'国初，京营劲旅不减七八十万。'"

谦以为三大营的缺点，是在分作三个独立组织，各为教令。临时调发，军士和将弁都不相习。乘机改革，在诸营中选出精兵十万，分作十营集中团练，名为团营。其余军归本营，称为老家。京军之制为之一变。到成化时又选出十四万军分十二营团练，称为选锋，余军仍称老家，专任役作。团营之法又稍变。到正德时因"流寇"之乱，调边军入卫，设东西官厅练兵，于是边军成为选锋，十二团营又成为老家了。嘉靖时经过几次严重的外患，几次改革，又恢复三大营旧制，改三千为神枢营，募兵四万充伍。形式上虽然似乎还原，可是以募兵代世军，实质上却已大不相同了。

京军内一部分由外卫番上京师者称为班军，在名义上是集中训练，巩卫京师，实际上却被政府和权贵役作苦工。《明史》卷九〇《兵志》二说：

> 成化间……海内燕安，外卫卒在京只供营缮诸役，势家私占复半之，卒多畏苦，往往愆期。

修建宫殿陵墓，浚理城池，一切大工程都以班军充役，使供役军士，财力交殚，每遇班操，宁死不赴，[1]甚至调发出征的也被扣留

---

[1] 《明史》卷一八一《李东阳传》，同书卷一九三《费宏传》："太仓无三年之积而冗食日增，京营无十万之兵而赴工不已。"卷一九四《梁材传》："（嘉靖六年，1527年）时修建两宫七陵，役京军七万……大工频兴，役外卫班军四万六千人。郭勋籍其不至者，责输银雇役，廪食视班军。"

役使。《明史》卷一九九《郑晓传》记：

> 俺答围大同右卫急……晓言："今兵事方棘，而所简听征京军三万五千人，乃令执役赴工，何以备战守？乞归之营伍。"

结果使各地卫军以番上为畏途。有的私下纳银于所属将弁，求免入京。有事则招募充数，名为"折乾"。嘉靖二十九年（1550年）职方主事沈朝焕在点发班军月饷时，发现有大部分是雇乞丐代替的，后来索性专以班军做工，也不营操了。班军不做工和不在工作期间的便改行做商贩工艺，按时给他们所属的班将一点钱。到末年边事日急，又把班军调到边方，做筑垣负米的劳役。从班军一变而为班工，从应役番上到折乾雇募，虽然名义上还仍旧贯，可是实质上却已经变质了。

在京卫军的情形，也和班军一样地困于役作。成化时以太监汪直总督团营，此后京军便专掌于内臣。其他管军将弁也照例由勋戚充任。在这一群贪婪的太监和纨绔的将弁统率之下，发生了种种弊端：第一是占役，军士名虽在籍，实际上却被权贵大官所隐占，替私人做工服役，却向政府领饷；第二是虚冒，军籍本来无名，却被权贵大官硬把家人苍头假冒选锋壮丁名色，月支厚饷，有人领饷，却无人应役（《明史》卷二六五《李邦华传》）；第三是军吏的舞弊，军士在交替时，军吏需索重贿，贫军不能应付，虽然老羸，也只好勉强干下去，精壮子弟反而不得收练，以此军多老弱；

第四是富军的贿免，有钱的怕营操征调，往往贿托将弁，把他搁在老家数中，贫军虽极疲老，也只能勉强挨命。积此四弊，再加上在营军士的终年劳作，没有受训练的机会，名虽军士，实则工徒。结果自然营伍日亏，军力衰耗，走上崩溃的途径（同上书卷八九《兵志》一）。成化末年，京军缺伍至七万五千有奇。到武宗即位时，十二团营锐卒仅六万五百余人，稍弱者二万五千。武宗末年给事中王良佐奉敕选军，按军籍应当有三十八万余人，较明初时已经只剩十分之五，实存者不及十四万，较原额缺伍至六分之五，较现额也缺伍到五分之三强。可是中选者又只二万余人。世宗立，额兵只有十万七千余人，实存者仅半。嘉靖二十九年俺答围都城，兵部尚书丁汝夔核营伍不及五六万人，驱出都门，皆流涕不敢前。吏部侍郎王邦瑞摄兵部，疏言：

国初，京营劲旅不减七八十万，元戎宿将常不乏人。自三大营变为十二团营，又变为两官厅，虽浸不如初，然额军尚三十八万有奇。今武备积弛，见籍止十四万余，而操练者不过五六万。支粮则有，调遣则无。比敌骑深入，战守俱称无军。即见在兵，率老弱疲惫、市井游贩之徒，衣甲器械取给临时。此其弊不在逃亡，而在占役；不在军士，而在将领。盖提督、坐营、号头、把总诸官，多世胄纨绔，平时占役营军，以空名支饷，临操则肆集市人，呼舞博笑而已。（《明史》卷八九《兵志》一）

到崇祯末年，简直无军可用。《明史》卷二六六《王章传》记：

> ［十七年（1644年），王章］巡视京营，按籍额军十一万有奇。喜曰："兵至十万，犹可为也。"及阅视，半死者，余冒伍，惫甚，矢折刀缺，闻炮声掩耳，马未驰辄堕，而司农缺饷，半岁不发。

即勉强调发出征，也是雇充游民，名为京军，实则招募。如崇祯十四年（1641年）兵部侍郎吴甡所言：

> 承平日久，发兵剿贼，辄沿途雇充。将领利月饷，游民利剽掠，归营则本军复充伍。（同上书卷二五二《吴甡传》）

积弊之极，京军仅存空名。可是，相反地，军官却与日俱增，越后越多。洪武二十五年（1392年）京军军官的总数是二千七百四十七员，六十几年后，到景泰七年（1456年）突增三万余员，较原额加了十一倍。[1] 再过十几年，到成化五年（1469年）又增加到八万余员，较原额增加了三十倍（同上书卷二一四《刘体乾传》）。正德时嬖佞以传奉得官，猥滥最甚。世宗即位，裁汰锦衣诸卫内监

---

[1] 《明史》卷一八〇《张宁传》："（景泰七年）言：'京卫带俸武职，一卫至二千余人，通计三万余员，岁需银四十八万，米三十六万，并他折俸物，动经百万。耗损国储，莫甚于此。而其间多老弱不娴骑射之人。'"

局旗校工役至十四万八千七百人，岁减漕粮百五十三万二千余石（同上书卷一九〇《杨廷和传》），不久又汰去京卫及亲军冗员三千二百人（同上书卷一九六《夏言传》）。虽然经过这两次大刀阔斧的裁汰，可是不久又继续增加："边功升授，勋贵传请，曹局添设，大臣恩荫，加以厂卫、监局、勇士、匠人之属，岁增月益，不可悉举。"（同上书卷二一四《刘体乾传》）到万历时，神宗倦于政事，大小臣僚多缺而不补，可是武职仍达八万二千余员。到天启时魏忠贤乱政，武职之滥，打破了历朝的纪录，连当时人也说："不知又增几倍？"[1]军日减而官日增，军减而粮仍旧额，国家负担并不减轻，官增则冗费愈多，国库愈匮。并且养的是不能战的军，添的也是不能战的官。到崇祯末年，内外交逼，虽想整顿，也来不及了。

从京军军伍的减削情形看，明初到正统可说是京军的全盛时期。土木变后，经过于谦一番整顿，军力稍强，可是额数已大减于旧，可说是京军的衰落时期。从成化到明末，则如江河日下，一年不如一年，是京军的崩溃时期。在全盛时期，明成祖和宣宗六次打蒙古，三次打安南，京军是全军中最精锐的一部分。在衰落时期，军数虽少，还能打仗。到成化以后，京军虽仍四出征讨，却已没有作战能力了。《明史》卷一八〇《曹璘传》说：

---

[1] 《明史》卷二七五《解学龙传》："[天启二年（1622年）疏言]国初，文职五千四百有奇，武职二万八千有奇。神祖时，文增至一万六千余，武增至八万二千余矣。今不知又增几倍。"

[弘治元年（1488年）言]诸边有警，辄命京军北征。此辈骄惰久，不足用。乞自今勿遣，而以出师之费赏边军。

《刘健传》也说：

[弘治十七年（1504年）]夏，小王子谋犯大同……健……因言京军怯不任战，请自今罢其役作以养锐气。（《明史》卷一八一）

同时的倪岳则说京军之出，反使边军丧气，他说：

京营素号冗怯。留镇京师，犹恐未壮根本，顾乃轻于出御，用亵天威。临阵辄奔，反堕边军之功。为敌人所侮。（同上书卷一八三《倪岳传》）

这时离开国不过一百四十年，京军已以冗怯著称，政府中人异口同声地以为不可用了。

四、卫军的废弛

京外卫所军的废弛情形也和京军一样。

明代军士的生活，我们可用明太祖的话来说明，他说：

> 那小军每一个月只关得一担儿仓米。若是丈夫每不在家里,他妇人家自去关呵,除了几升做脚钱,那害人的仓官又斛面上打减了几升。待到家里岬(音伐)过来呵,只有七八斗儿米,他全家儿大大小小要饭吃,要衣裳穿,他哪里再得闲钱与人?(《大诰·武臣科敛害军》)

正军衣着虽由官库支给,家属的却须自己制备。一石米在人口多的家庭,连吃饭也还不够,如何还能顾到衣服!《明史》卷一八五《黄绂传》:

> [成化二十二年(1486年)]巡抚延绥……出见士卒妻衣不蔽体,叹曰:"健儿家贫至是,何面目临其上。"亟豫给三月饷,亲为拊循。

黄绂所见的是卫军的普遍情形,延绥士卒的遭遇却是一个难得的例外,甚至病无医药,死无棺殓。《明史》卷一六〇《张鹏传》:

> 鹏……景泰二年进士……出按大同、宣府,奏:"两镇军士敝衣菲食,病无药,死无棺。乞官给医药、棺椁,设义冢,俾飨厉祭。死者蒙恩,则生者劝。"帝立报可,且命诸边概行之。

经过张鹏的提议,才由官给医药棺椁,却仍只限于诸边,内地的不能享受这权利。卫军生活如此，再加以上官的剥削和虐待，假如有办法，他们是会不顾一切秘密逃亡的。

除从征和归附的军士，谪发和垛集军是强逼从军的。他们被威令所逼，离开所习惯的土地和家族，到一个辽远的陌生的环境中去，替统治阶级服务。一代一代地下去，子子孙孙永远继承这同一的命运和生活。大部分的军士发生逃亡的现象，特别是谪发的逃亡最多。万历时，章潢说：

> 国初卫军籍充垛集，大县至数千名，分发天下卫所，多至百余卫，数千里之远者。近来东南充军亦多发西北，西北充军亦多发东南。然四方风土不同，南人病北方之苦寒，北人病南方之暑湿。逃亡故绝，莫不由斯。道里既远，勾解遂难。（章潢《图书编》卷一一七）

据正德时王琼的观察，逃亡者的比例竟占十之八九。他以为初期经大乱之后，民多流离失恒产，乐于从军，同时法令严密，卫军不敢逃亡。后来政府不能约束官吏，卫军苦于被虐待、剥削，和逼于乡土之思，遂逃亡相继（王琼《清军议》）。卫所的腐败情形，试举数例：

> 宣德九年（1434年）二月壬申，行在兵部右侍郎王骥言：中外都司卫所官，惟知肥己，征差则卖富差贫，征办则以一科十，或占纳月钱，或私役买卖，或以科需扣其月粮，或指

操备减其布絮。衣食既窘,遂致逃亡。(《明宣宗实录》卷一〇八)

弘治时,刘大夏《条列军伍利弊疏》也说:

在卫官军,苦于出钱,其事不止一端:如包办秋青草价,给与勇士养马;比较逃亡军匠,责令包工雇役;或帮贴锦衣卫夷人马匹,或加贴司苑局种菜军人;内外官人造坟,皆用夫价;接应公差车辆,俱费租钱。其他使用,尚不止此。又管营内外官员,率于军伴额数之外,摘拨在营操军役使,上下相袭,视为当然。又江南军士漕运,有修船盘剥之费,有监收斛面之加,其他掊克,难以枚举。以致逃亡日多,则拨及全户,使富者日贫,而贫者终至于绝。江南官军每遇京操,虽给行粮,而往返之费,皆自营办。况至京即拨做工,雇车运料,而杂拨纳办有难以尽言者。(《刘忠宣公集》卷一)

卫军一方面被卫官私家役使[1],甚至被逼为朝中权要种田[2]。月

---

[1] 《明成祖实录》卷六八:"永乐五年(1407年)六月辛卯,御史蒋彦禄言:国家养军士以备攻战。暇则教之,急则用之。今各卫所官夤缘为奸,私家役使,倍蓰常数。假借名义以避正差,贿赂潜行,互相蔽隐。"

[2] 《明史》卷一七七《年富传》:"英国公张懋及郑宏各置田庄于边境,岁役军耕种。"

粮既被克扣[1]，又须交纳月钱，供上官挥霍。[2]隆庆三年（1569年），萧廪出核陕西四镇兵食，发现被隐占的卒伍至数万人（《明史》卷二二七《萧廪传》）。军士无法生活，一部分改业为工人商贩，以所得缴纳上官。景帝即位时，刘定之上言十事，论当时情形：

> 天下农出粟，女出布，以养兵也。兵受粟于仓，受布于库，以卫国也。向者兵士受粟布于公门，纳月钱于私室，于是手不习击刺之法，足不习进退之宜，第转货为商，执技为工，而以工商所得，补纳月钱。民之膏血，兵之气力，皆变为金银以惠奸宄。一旦率以临敌，如驱羊拒狼，几何其不败也。

---

[1] 王鏊《王文恪公文集》卷一九《上边议八事》："今沿边之民，终年守障，辛苦万状。而上之人又百方诛求，虽有屯田而子粒不得入其口，虽有月粮而升斗不得入其家，虽有赏赐而或不得给，虽有首级而不得为己功。"《明史》卷一八二《刘大夏传》："（弘治十七年）召见大夏于便殿……问军，对曰：'穷与民等。'帝曰：'居有月粮，出有行粮，何故穷？'对曰：'其帅侵克过半，安得不穷！'"《明英宗实录》卷一二六："正统二年十月辛亥，直隶巡按御史李奎奏：'沿海诸卫所官旗，多克减军粮入己，以致军士艰难，或相聚为盗贼，或兴贩私盐。'"

[2] 《明史》卷一六四《曹凯传》："（景泰中）擢浙江右参政。时诸卫武职役军办纳月钱，至四千五百余人。"同书卷一八〇《汪奎传》："（成化二十一年言）内外坐营、监枪内官增置过多，皆私役军士，办纳月钱。多者至二三百人。武将亦皆私役健丁，行伍惟存老弱。"甚至余军亦被私役，《明英宗实录》卷一八六："正统十四年十二月壬申，兵科给事中刘斌奏：'近数十年典兵官员既私役正军，又私役余丁。甚至计取月钱，粮不全支。是致军士救饥寒之不暇，尚何操习训练之务哉！'"

(《明史》卷一七六)

大部分不能忍受的，相率逃亡，有的秘密逃回原籍，如正统时李纯所言：

> 三年（1438年）十月辛未，巡按山东监察御史李纯言：辽东军士往往携家属潜从登州府运船，越海道逃还原籍。而守把官军，受私故纵。(《明英宗实录》卷四七)

有的公开请假离伍：

> 正统十一年（1446年）五月己卯，福建汀州府知府陆征言：天下卫所军往往假称欲往原籍取讨衣鞋，分析家赀，置备军装。其官旗人等贪图贿赂，从而给与文引遣之。及至本乡，私通官吏乡里，推称老病不行，转将户丁解补。到役未久，托故又去。以致军伍连年空缺。(《明英宗实录》卷一四一)

其因罪谪戍的，则预先布置，改换籍贯，到卫即逃，无从勾捕：

> 宣德八年（1433年）十二月庚午，巡按山东监察御史张聪言：辽东军士多以罪谪戍，往往有亡匿者。皆因编发之初，奸顽之徒，改易籍贯，至卫即逃。比及勾追，有司谓无其人，

军伍遂缺。(《明宣宗实录》卷一百七)

沈德符记隆万时戍军之亡匿情形,直如儿戏。他说:

> 有吴江一叟,号丁大伯者,家温而喜啖饮,久往来予家。一日忽至邸舍,问之,则解军来。其人乃捕役妄指平民为盗,发遣辽东三万卫充军,亦随在门外。先人语之曰:慎勿再来,倘此犯逸去,奈何!丁不顾,令之入,叩头,自言姓王,受丁恩不逸也。去甫一月,则王姓者独至邸求见。先人骇问之,云已讫事,丁大伯亦旦夕至矣。先人细诘其故,第笑而不言。又匝月而丁来,则批回在手。其人到伍,先从间道遁归,不由山海关,故反早还。因与丁作伴南旋。近闻中途亦有逃者,则长解自充军犯,雇一二男女,一为军妻,一为解人,投批到卫收管,领批报命时竟还桑梓。彼处戍长,以入伍脱逃,罪当及己,不敢声言。且利其遗下口粮,潜入囊橐。而荷戈之人,优游闾里,更无谁何之者。(《万历野获编补遗》)

卫所官旗对于卫军之逃亡缺额,非但毫不过问,并且引为利源。因为一方面他们可以干没逃亡者的月粮,另一方面又可以向逃亡者需索贿赂。永乐十二年(1414年),明成祖曾申说此弊:

> 十月辛巳上谕行在兵部臣曰:今天下军伍不整肃,多因官

吏受赇，有纵壮丁而以罢弱充数者；有累岁缺伍不追补者；有伪作户绝及以幼小纪录者；有假公为名而私役于家者。遇有调遣，十无三四。又多是幼弱老疾，骑士或不能引弓，步卒或不能荷戈，缓急何以济事！（《明成祖实录》卷一五七）

五年后，监察御史邓真上疏说军卫之弊，也说：

内外各卫所军士，皆有定数，如伍有缺，即当勾补。今各卫所官吏惟耽酒色货贿，军伍任其空虚。及至差人勾补，纵容卖放，百无一二到卫，或全无者；又有在外娶妻生子不回者。官吏徇私蒙蔽，不行举发。又有勾解到卫而官吏受赃放免；及以差使为由，纵其在外，不令服役。此军卫之弊也。（《明成祖实录》卷二一九）

在这情形下，《明史·兵志》记从吴元年（1367年）十月到洪武三年（1370年）十一月，三年中军士逃亡者四万七千九百余。到正统三年（1438年），离开国才七十年，这数目就突增到一百二十万有奇，占全国军伍总数二分之一弱。[1]据同年巡按山东监察御史李纯的报告，他所视察的某一百户所，照理应有旗军一百十二人，可

---

[1]《明英宗实录》卷四六："正统三年九月丙戌，行在兵部奏：天下都司卫所发册坐勾逃故军士一百二十万有奇。今所清出，十无二三。未几又有逃故，难以遽皆停止。"

是逃亡所剩的结果,只留一人(《明英宗实录》卷四七)。

边防和海防情况:辽东的兵备在正德时已非常废弛,开原尤甚,士马才十二,墙堡墩台圮殆尽,将士依城堑自守,城外数百里,悉为诸部射猎地(《明史》卷一九九《李承勋传》)。蓟镇兵额到嘉靖时也十去其五,唐顺之《覆勘蓟镇边务首疏》:

> 从石塘岭起,东至古北口、墙子岭、马兰谷,又东过滦河,至于太平寨、燕河营,尽石门寨而止,凡为区者七。查得原额兵共七万六百零四名,见在四万六千零三十七名,逃亡二万四千五百六十七名。又会同居庸关巡关御史萧九峰,从黄花镇起,西至于居庸关,尽镇边城而止,凡为区者三,查得原额兵共二万三千二十五名,逃亡一万零一百九十五名。总两关十区之兵,原额共九万三千八百二十四名,见在五万九千六十二名,逃亡三万四千七百六十二名……蓟兵称雄,其来久矣。比臣等至镇,则见其人物琐懦,筋骨绵缓,靡靡然有暮气之惰,而无朝气之锐。就而阅之,力士健马,什才二三,钝戈弱弓,往往而是。其于方圆牡牝五阵分合之变,既所不讲,剑盾枪箭五兵短长之用,亦不能习。老羸未汰,纪律又疏,守尚不及,战则岂堪。(《荆川外集》卷二)

沿海海防,经积弛后,尤不可问。《明史》卷二〇五《朱纨传》记嘉靖二十六年(1547年)时闽浙情形说:

> 漳、泉巡检司弓兵旧额二千五百余，仅存千人……浙中卫所四十一，战船四百三十九，尺籍尽耗。

海道副使谭纶述浙中沿海卫所积弊：

> 卫所官军既不能以杀贼，又不足以自守，往往归罪于行伍空虚，徒存尺籍，似矣。然浙中如宁、绍、温、台诸沿海卫所，环城之内，并无一民相杂，庐舍鳞集，岂非卫所之人乎？顾家道殷实者，往往纳充吏承，其次赂官出外为商，其次业艺，其次投兵，其次役占，其次搬演杂剧，其次识字，通同该伍放回附近原籍，岁收常例，其次舍人，皆不操守。即此八项，居十之半，且皆精锐。至于补伍食粮，则反为疲癃残疾、老弱不堪之辈，军伍不振，战守无资，弊皆坐此。至于逃亡故绝，此特其一节耳。（胡宗宪《筹海图编》卷一一《经略一·实军伍》）

以致一卫军士不满千余，一千户所不满百余（同上兵部尚书张时彻语）。一遇事变，便手足无措。倭寇起后，登陆屠杀，如入无人之境。充分证明了卫军的完全崩溃，于是有募兵之举，另外招募壮丁，加以训练，抵抗外来的侵略。

五、勾军与清军

卫所军士之不断地逃亡，使统治阶级感觉恐慌，努力想法挽救。把追捕逃军的法令订而又订，规定得非常严密。《明史》卷九二《兵志》四记：

> 大都督府言：起吴元年十月，至洪武三年十一月，军士逃亡者四万七千九百余。于是下追捕之令，立法惩戒。小旗逃所隶三人，降为军，上至总旗、百户、千户，皆视逃军多寡，夺俸降革。其从征在外者，罚尤严。

把逃军的责任交给卫所官旗，让他们为自己的利益约束军士，这办法显然毫无效果，因为在十年后又颁发了同样性质的法令：

> 洪武十三年五月庚戌，上谕都督府臣曰：近各卫士卒率多逋逃者，皆由统之者不能抚恤。宜量定千百户罚格。凡一千户所逃至百人者千户月减俸一石，逃至二百人减二石。一百户所逃及十人者月减俸一石，二十人者减二石，若所管军户不如数，及有病亡事故残疾事，不在此限。（《明太祖实录》卷一三一）

洪武十六年（1383年），又命五军都督府檄外卫所，速逮缺伍士卒，名为勾军。特派给事中潘庸等分行清理，名为清军。洪武二十一年（1388年），以勾军发生流弊，命卫所及郡县编造军籍：

> 九月庚戌，上以内外卫所军伍有缺，遣人追取户丁，往往鬻法，且又骚动于民。乃诏自今卫所以亡故军士姓名乡贯编成图籍送兵部，然后照籍移文取之，毋擅遣人，违者坐罪。寻又诏天下郡县，以军户类造为册，具载其丁口之数，如遇取丁补伍，有司按籍遣之，无丁者止。（同上书卷一九三）

军籍有三份，一份是清勾册（卫所的军士逃亡及死亡册），一份是郡县的军户原籍家属户口册，一份是收军册。卫所的军额是一定的，卫军规定必须有妻，不许独身不婚。[1]父死子继。如有逃亡缺伍或死绝，必须设法补足。补额的方法是到原籍追捕本身或其亲属。同年又置军籍勘合：

> 是岁命兵部置军籍勘合，遣人分给内外卫所军士，谓之勘合户由。其中间写从军来历，调补卫所年月，及在营丁口之数，遇点阅则以此为验。其底簿则藏于内府。（《明太祖实录》卷一九五）

---

[1] 《筹海图编》卷一一《实军伍》，兵部尚书张时彻云："（卫军）无妻者，辄俱罢革。"《明史》卷九二《兵志》四："军士应起解者，皆佥妻。"

这两种制度都为兵部侍郎沈溍所创。《明史》曾对这新设施的成效加以批评：

> 明初，卫所世籍及军卒勾补之法，皆溍所定。然名目琐细，簿籍烦多，吏易为奸。终明之世颇为民患，而军卫亦日益耗减。（《明史》卷一三八《沈溍传》）

实际上不到四十年，这两种制度都已丧失效用了。不但不能足军，反而扰害农民。第一是官吏借此舞弊，使奉命勾军的官旗，自身也成逃军：

> 宣德八年二月庚戌，行在兵部请定稽考勾军之令。盖故事都司卫所军旗伍缺者，兵部预给勘合，从其自填，遣人取补。及所遣之人，事已还卫，亦从自销，兵部更无稽考。以故官吏夤缘为弊，或移易本军籍贯，或妄取平民为军，勘合或给而不销，限期或过而不罪。致所遣官旗，迁延在外，娶妻生子，或取便还乡，二三十年不回原卫所者，虽令所在官司执而罪之，然积弊已久，猝不能革。（《明宣宗实录》卷九九）

第二是军籍散失，无法勾补：

> 宣德八年八月壬午，河南南阳府知府陈正伦言：天下卫所

军士，或从征，或屯守，或为事调发边卫。其乡贯姓名诈冒更改者多。洪武中二次勘实造册，经历年久，簿籍鲜存，致多埋没。有诈名冒勾者，官府无可考验虚实。（同上书卷一○四）

政府虽然时派大臣出外清理军伍，宣德三年（1428年）且特命给事中御史按期清军。清军条例也一增再增，规定得非常严密，军籍也愈来愈复杂，嘉靖三十一年（1552年）又增编兜底、类卫、类姓三册，合原有之军黄总册（即户口册）为四册。[1]但是这一切的条例和繁复的手续，只是多给予官吏以舞弊的机会，卫军的缺伍情形，仍不因之稍减。

在明代前期，最为民害的是勾军。军士缺伍，勾捉正身者谓之跟捕，勾捕家丁者谓之勾捕。勾军的弊害，洪熙元年（1425年）兴州左屯卫军士范济曾上书说：

---

[1] 《大明会典》卷一五五《兵部三八·军政》二《册单》："凡大造之年，除军黄总册照旧攒造外，又造兜底一册，细开各军名贯，充调来历，接补户丁，务将历年军册底查对明白，毋得脱漏差错。又别造类姓一册；不拘都图卫所，但系同姓者摘出类编。又别造类卫一册，以各卫隶各省，以各都隶各卫，务在编类详明，不许混乱。其节年间发永远新军亦要附入各册，前叶先查概县军户总数以递合图，以图合都，以都合县。不许户存户绝，有无勾单，务寻节年故牍，补足前数。每于造册之年，另造一次，有增无减，有收无除。每县每册各造一样四本，三本存各司府州县，一本送兵部备照。册高阔各止一尺二寸，不许宽大，以致吏书作弊。"按军黄《明史》及《明史稿·兵志》均作军贯，今从《会典》。

> 臣在行伍四十余年，谨陈勾军之弊：凡卫所勾军有差官六七员者，百户所差军旗二人或三人者，俱是有力少壮，及平日结交官长，畏避征差之徒，重贿贪饕官吏，得往勾军。及至州县，专以威势虐害里甲，既丰其馈饩，又需其财物，以合取之人及有丁者释之。乃诈为死亡，无丁可取，是以留宿不回。有违限二三年者，有在彼典雇妇女成家者。及还，则以所得财物，贿其枉法官吏，原奉勘合，矇眬呈缴。较其所取之丁，不及差遣之官，欲求军不缺伍，难矣。（《明宣宗实录》卷五）

官校四出，扰乱得闾里不宁，却对军伍之缺一无裨补。正统元年（1436年）九月，分遣监察御史轩輗等十七人清理军政，在赐敕中也指出当时的弊害，促令注意。敕书说：

> 武备立国之重事。历岁既久，弊日滋甚。军或脱籍以为民，民或枉指以为军。户本存而谓其为绝，籍本异而强以为同。变易姓名，改易乡贯，夤缘作弊，非止一端。推厥所由，皆以军卫有司及里甲人等贪赂挟私，共为欺蔽，遂致妄冒者无所控诉，埋没者无从追究，军缺其伍，民受其殃。（《明英宗实录》卷二二）

实际上，不但法外的弊害，使农民受尽苦痛，即本军本户的勾补，对农民也是极大灾难。试举数例说明。第一例要七十老翁和八岁孩子补伍：

> 洪武二十五年四月壬子，怀远县人王出家儿年七十余，二子俱为卒从征以死。一孙甫八岁，有司复追逮补伍。出家儿诉其事于朝，令除其役。（《明太祖实录》卷二七）

第二例单丁补役，田地无人耕种：

> 永乐八年四月戊戌，湖广彬州桂阳县知县梁善言：本县人民充军数多，户有一丁者发遣补役，则田地抛荒，税粮无征，累及里甲。（《明成祖实录》卷一〇二）

第三例地方邻里因勾军所受的损失。万历三年（1575年），徐贞明疏言：

> 东南民素柔脆，莫任远戍。今数千里勾军，离其骨肉。而军壮出于户丁，帮解出于里甲，每军不下百金。而军非土著，志不久安，辄赂卫官求归。卫官利其赂，且可以冒饷也，因而纵之。是困东南之民，而实无补于军政也。（《明史》卷二二三）

解除军籍的唯一途径，明初规定，必须做到兵部尚书才能脱籍为民。[1]《明史》卷一三八《沈溍传》记陈质许除军籍，称为特恩：

---

[1] 《明史》卷九二《兵志》：清理军伍。同书卷一三八《翟善传》："（翟善迁至尚书，帝）又欲除其家戍籍。善曰：'戍卒宜增，岂可以臣破例。'帝益以为贤。"

潮州生陈质,父在戍籍。父没,质被勾补,请归卒业,帝命除其籍。(兵部尚书)浍以缺军伍,持不可。帝曰:"国家得一卒易,得一士难。"遂除之。然此皆特恩云。[1]

后定制生员特许免勾,但要经考试合格:

凡开伍免勾,洪武二十三年令生员应补军役者,除豁遣归卒业。二十九年令生员应起解者,送翰林院考试,成效者开伍,发回读书。不成者照旧补役。(《大明会典》卷一五四)

永乐时又定例现任官吏免勾:

二年令生勾军有见任文武官及生员吏典等,户止三丁者免勾,四丁以上者勾一丁补伍。(同上)

---

[1] 《明史》卷一四二《陈彦回传》:"彦回……莆田人。父立诚,为归安县丞,被诬论死,彦回谪戍云南,家人从者多道死……惟彦回与祖母郭在。会赦,又弗原,监送者怜而纵之,贫不能归,依乡人知县黄积良……彦回……擢徽州知府……当彦回之戍云南也,其弟彦渊亦戍辽东。至是,诏除彦渊籍。"按以罪谪戍者,如罪不至全家,经请求得由子弟代役,《明史》卷一四三《高巍传》:"由太学生试前军都督府左断事……寻以决事不称旨,当罪,减死戍贵州关索岭。特许弟侄代役,曰'旌孝子也'。"《周缙传》:"遣戍兴州,有司遂捕缙,械送戍所。居数岁,子代还。"

从此官僚阶级得豁去当军的义务，军伍的勾取只限于无钱无势的平民了。

勾军之害，已如上述。一到大举清军时，其害更甚。清军官吏是以清出军伍的多少定考成的，因此肆意诛求，滥及民户，唯恐所勾太少。《明史》记宣德时清军情形：

> 清军御史李立至，专务益军，勾及姻戚同姓。稍辨，则酷刑榜掠。人情大扰，诉枉者至一千一百余人。[1]

正德时武定清军，一州至万余人：

> （唐侃）进武定知州。会清军籍，应发遣者至万二千人。侃曰："武定户口三万，是空半州也。"力争之。（《明史》卷二八一《唐侃传》）

王道论清军之弊有三：第一是清勾不明；第二是解补太拘；第三是

---

[1] 《明史》卷二八一《赵豫传》，同上《张宗琏传》："朝遣御史李立理江南军籍，檄宗琏自随。立受黠军词，多逮平民实伍。"吴宽《匏翁家藏集》卷三三《崔巡抚辩诬记》："宣德初所谓军政条例始行于天下。御史李立往理苏、常等府。立既刻薄，济以苏倅张徽之凶暴，专欲括民为军。民有与辩者，徽辄怒曰：汝欲为鬼耶？抑为军耶？一时被诬与死杖下者，多不可胜数。苏人恨入骨髓。然畏其威，莫敢与抗也。"

军民并役。他说：

> 清勾之始，执事不得其人，上官不屑而委之有司，有司不屑而付之吏胥，贿赂公行，奸弊百出。正军以富而幸免，贫民无罪而干连，有一军缺而致数人之命，一户绝而破荡数家之产者矣，此清勾不明之弊一也。国初之制，垛集者不无远近之异，谪戍者多罹边卫之科，承平日久，四海一家，或因迁发，填实空旷，或因商宦，流寓他方，占籍既久，桑梓是怀。今也勾考一明，必欲还之原伍，远或万里，近亦数千，身膺桎梏，心恋庭闱，长号即路，永诀终天，人非木石，谁能堪此，此解补太拘之弊二也。迩年以来，地方多事，民间赋役，十倍曩时，鬻卖至于妻子，算计尽乎鸡豚，苦不聊生，日甚一日，而又忽加之以军伍之役，重之以馈送之繁，行赍居送，无地方可以息肩，死别生离，何时为之聚首？民差军需，交发互至，财殚力竭，非死即亡，此军民并役之弊三也。（《顺渠先生文录》卷四）

至嘉靖时，军伍更缺，法令愈严，有株累数十家，勾摄经数十年者，丁口已尽，犹移覆纷纭不已。万历中南直隶应勾之军至六万六千余，株连至二三十万人（《明史》卷九二《兵志》四）。卫军已逃亡的，"勾军无虚岁，而什伍日亏"。未逃亡或不能逃亡的,却"平居以壮仪卫、备国容犹不足"[1]。卫所制度到这时候,已经到了完全崩溃的阶段了。

六、募兵

从永乐迁都北京以后,每年须用船运东南米数百万石北来,漕运遂为明代要政。运粮多由各地卫军负责。宣宗即位后,始定南北卫军分工之制,南军转运,北军备边。[2]特设漕运总兵,用卫军十二万人(《明史》卷一五三《陈瑄传》)。东南军力由之大困。弘治元年(1488年),都御史马文升疏论运军之苦说:

> 各直省运船,皆工部给价,令有司监造。近者,漕运总兵以价不时给,请领价自造,而部臣虑军士不加爱护,议令本部出料四分,军卫任三分,旧船抵三分。军卫无从措办,皆军士卖资产、鬻男女以供之,此造船之苦也。正军逃亡数多,而额数不减,俱以余丁充之,一户有三、四人应役者。春兑秋归,

---

[1] 顾起元:《客座赘语》二《勾军可罢》:"南都各卫军在卫者,余尝于送表日见之。尪羸饥疲,色可怜,与老稚不胜衣甲者居大半。平居以壮仪卫,备国容犹不足,脱有事而责其效一臂力,何可得哉!其原籍尺籍,皆系祖军,死则其子孙或其族人充之,非盲聋废疾,未有不编于伍者。又户绝必清勾,勾军多不乐轻去其乡,中道辄逃匿,比至又往往不习水土,而病且死。以故勾军无虚岁而什伍日亏。且勾军之害最大,一户而株累数十户不止。比勾者至卫所,官卫又以需索困苦之,故不病且死,亦多以苦需索而窜。"

[2] 《明史》卷一四五《朱勇传》:"勇以南北诸卫所军备边转运,错互非便,请专令南军转运,北军备边。"

艰辛万状，船至张家湾，又雇车盘拨，多称贷以济用，此往来之苦也。其所称贷，运官因以侵渔，责偿倍息，而军士或自载土产以易薪米，又格于禁例，多被掠夺。(《明史》卷七九《食货志》三《漕运》)

江南军士"多因漕运破家"，江北军士则"多以京操失业"[1]。南北卫军因之都废弛不可用。

明代用全力防守北边，备蒙古入侵。腹地军力极弱，且经积弛之后，一有事故，便手足无措。隆庆时，靳学颜疏言：

夫陷锋摧坚，旗鼓相当，兵之实也。今边兵有战时，若腹兵则终世不一当敌。每盗贼窃发，非阴阳、医药、杂职，则丞贰判簿为之将；非乡民里保，则义勇快壮为之兵，在北则借盐丁矿徒，在南则借狼土。此皆腹兵不足用之验也。(《明史》卷二一四《靳学颜传》)

所说的虽然是后期情形，其实在前期即已如此。正统时邓茂七起义，将帅尪怯退避，反由文吏指挥民兵作战。[2]天顺初年，两广

---

[1] 《刘忠宣公集》卷一《乞休疏》中语。
[2] 《明史》卷一六五《柳华、柴文显、汪澄传》："当是时浙闽盗所在剽掠为民患，将帅率玩寇，而文吏励民兵拒贼，往往多斩获。闽则有张瑛、王得仁之属。浙江则金华知府石瑁擒遂昌贼苏才于兰溪。处州知府张佑击败贼众，擒斩千余人。"

"盗"起,将吏率缩胸观望,怯不敢战。[1]至正德时刘宠、刘辰起义,腹地卫军已全不能用:

> (正德六年)宠、宸等自畿辅犯山东、河南,南下湖广,抵江西。复自南而北,直窥霸州。杨虎等由河北入山西,复东抵文安,与宠等合,破邑百数,纵横数千里,所过若无人。(《明史》卷一八七《马中锡传》)

只好调边兵来作战。西南和东南则调用素称剽悍嗜杀的狼土兵。[2]可是狼土兵毫无军纪,贪淫残杀,当时有"贼如梳,军如篦,土兵如剃"[3]和"土贼犹可,土兵杀我"之谣。[4]甚或调用土达[5],如毛胜(原名福寿)之捕苗云南:

---

[1] 《明史》卷一六五《叶祯传》。卷一七七《叶盛传》:"天顺二年……巡抚两广……时两广盗蜂起,所至破城杀将。诸将怯不敢战,杀平民冒功,民相率从贼。"

[2] 狼兵和土兵是湖南、广西一带土司的军队,参看《明史》卷三一〇《土司传》和毛奇龄《蛮司合志》。

[3] 《明史》卷一八七《洪钟传》:"(正德五年)保宁贼起,官军不敢击,潜蹑贼后,馘良民为功,土兵虐尤甚。时有谣曰:'贼如梳,军如篦,土兵如剃。'"

[4] 《明史》卷一八七《陈金传》:"江西盗起……金以属郡兵不足用,奏调广西狼土兵……累破剧贼。然所用目兵,贪残嗜杀,剽掠甚于贼。有巨族数百口阖门罹害者。所获妇女率指为贼属,载数千艘去。民间谣曰:'土贼犹可,土兵杀我。'金亦知民患之,方倚其力,不为禁。"

[5] 蒙古降人和内地的土著蒙古人。

> 正统七年……靖远伯王骥请选在京番将舍人，捕苗云南。乃命胜与都督冉保统六百人往……（正统十四年）乃命以左副总兵统河间、东昌降夷赴贵州（平贼）。（同上书卷一五六《毛胜传》）

和勇（原名脱脱孛罗）之平两广"盗"：

> 天顺元年……久之以两广多寇，命充游击将军，统降夷千人往讨……成化初，赵辅、韩雍征大藤峡贼，诏勇以所部从征。（同上书卷一五六《和勇传》）

又行佥民壮法，增加地方兵力。正统二年始募所在军余民壮愿自效者。十四年令各处招募民壮，就令本地官司率领操练，遇警调用，事定仍复为民。弘治二年又令：

> 州、县七八百里以上，里佥二人；五百里，三；三百里，四；百里以上，五。有司训练，遇警调发，给以行粮。（《明史》卷九一《兵志》）

富民不愿服务，可纳钱免佥，由官代募。此种地方兵又称机兵，在巡检司者称为弓兵。到此人民又加上一层新负担，军外加兵，疲于奔命。

调用边兵、土兵、达兵和佥点民壮,虽然解决了一时的困难,可是边兵有守边之责,土兵不易制裁,达兵数目不多,民壮稍后也积弊不可用,而且是地方兵,只供守卫乡里,不能远调。王守仁在正德时曾申说当时兵备情形:

> 赣州……财用耗竭,兵力脆寡,卫所军丁,止存故籍;府县机快,半应虚文;御寇之方,百无足恃,以此例彼,余亦可知……是以每遇盗贼猖獗,辄复会奏请兵;非调土军,即倩狼达,往返之际,辄已经年;糜费所须,动逾数万;逮至集兵举事,即已魍魉潜形,曾无可剿之贼;稍俟班师旋旅,则又鼠狐聚党,复皆不轨之群……机宜屡失,备御益弛,征发无救于疮痍,供馈适增其荼毒。群盗习知其然,愈肆无惮,百姓谓莫可恃,竟亦从非。(《阳明集要·经济集》—《选拣民兵》)

在这种情况下,不能不另想办法。于是有募兵出现。在卫军民壮以外,又加上第三种军队。募兵出而卫军民壮自以为无用,愈加废弛。[1]

---

[1] 顾炎武《亭林文集》卷六《军制论》:"正统末,始令郡县选民壮。弘治中,制里佥二名若四五名。有调发,官给行粮。正德中,计丁粮编机兵银,人岁食至七两有奇,悉赋之民,此谓之机(兵)快(手)民壮,而兵一增,制一变。又久备益弛,盗发雍豫,蔓延数省,民兵不足用,募新兵,倍其糈,以为长征之军,而兵再增,制再变。屯卫者曰:我乌知兵,转漕耳。守御非吾任也。故有机壮而屯卫为无用之人。民壮曰:我乌知兵,给役耳。调发非吾任也。故有新募而民壮为无用之人。"

募兵之制，大约开端于正统末年。募兵和民壮不同，民壮是由地方按里数多少或每户壮丁多少佥发的，平时定期训练，余时归农，调发则官给行粮，事定还家。完全为警卫地方之用。募兵则由中央派人招募，入伍后按月发饷，东西征戍，一唯政府之命。战时和平时一样，除退役外不能离开行伍。正统土木之变，京军溃丧几尽，各省勤王兵又不能即刻到达，于是派朝官四出募兵[1]，以为战守之计。嘉靖时倭寇猖獗，沿海糜烂，当时人对于卫军之毫无抵抗能力，不能保卫地方，极为不满，主张在卫军和募兵两者中择较精锐的精练御敌，即以所淘汰的军的粮饷归之能战的兵，郎瑛所记"近日军"即代表此种意见。他说：

　　　　古之置军也防患，今之置军也为患。何也？太平无事，民

---

[1] 《明史》卷一五七《杨鼎传》："也先将寇京师，诏行监察御史事，募兵兖州。"同书卷一六〇《石璞传》："景帝即位""出募天下义勇"。卷一七二《白圭传》："陷土木，脱还，景帝命往泽州募兵。"按同书卷一六四《练纲传》："初，京师戒严，募四方民壮分营训练，岁久多逃，或赴操不如期。廷议编之尺籍。（练）纲等言：'召募之初，激以忠义，许事定罢遣。今展转轮操，已孤所望。况其逃亡，实迫寒馁。岂可遽著军籍！边方多故，倘更召募，谁复应之？'诏即除前令。"此为景泰四年事，距招募入伍时已五年，似乎这次所募的大部分是各地民壮，虽未著录于中央军籍，却已入伍四五年，编营训练，其性质和后来的兵相同了。至于《杨鼎传》和《白圭传》所记的募兵，当即为和军对称并行的兵，并非地方的民壮。又募兵须由中央，地方长官不得擅募。《明史》卷一六四记李信以擅募被劾可证："（景泰中，曹凯）擢浙江右参政……镇守都督李信擅募民为军，糜饷万余石。凯劾奏之。信虽获宥，诸助信募军者咸获罪。"传中军当作兵。

出谷以养军，官有产以助军，是欲藉其有警以守，盗发以讨，所以卫民也。卫民，卫国也。今海贼为害有年矣，未闻军有一方之守，一阵之敌焉。守敌者非召募之土著，百姓则调选别省兵勇。故见戮于贼也，非地方男妇良民，乃远近召募之众。是徒有养军之害，而无卫民之实，国非亦为其损哉……为今之计，大阅军兵，使较射扑，军胜于募，则以募银之半加于军，募胜于军，则扣军粮之半以益募。如此则军兵各为利而精矣。有急，以练精者上阵以杀贼，余当减之也。庶民不费于召募之资，国不至于倍常之费，虽为民而实为国矣。(《七修类稿·续稿》卷三)

要求用精练的兵作战。当时将帅都在这要求下纷纷募兵训练，内中最著名的如戚继光：

继光至浙时，见卫所军不习战，而金华、义乌俗称慓悍，请召募三千人，教以击刺法，长短兵迭用，由是继光一军特精。又以南方多薮泽，不利驰逐。乃因地形制阵法，审步伐便利，一切战舰、火器、兵械精求而更置之，戚家军名闻天下。(《明史》卷二一二《戚继光传》)

谭纶：

> 时东南倭患已四年，朝议练乡兵御贼。参将戚继光请期三年而后用之。纶亦练千人，立束伍法，自裨将以下节节相制，分数既明，进止齐一，未久即成精锐……益募浙东良家子教之，而继光练兵已及期，纶因收之以为用，客兵罢不复调。（同上书卷二二二《谭纶传》）

同时张鏊募兵名振武营[1]，郑晓[2]、朱先募盐徒为兵，[3]名将俞大猷所练兵名俞家军。[4]都卓有成效，在几年中完全肃清了倭寇。

另外，北边的边军也渐渐地用募兵来代替和补充世军。《明史》卷二〇四《陈九畴传》：

> 世宗即位……巡抚甘肃……九畴抵镇，言额军七万余，存者不及半，且多老弱，请令召募。诏可。[5]

嘉靖二十九年又令蓟镇自于密云、昌平、永平、遵化募兵一万五千

---

[1] 《明史》卷二〇五《李遂传》："振武营者（南京），尚书张鏊募健儿以御倭。素骄悍……（以给饷逾期哗变）又奏调镇武军护陵寝，一日散千人。"

[2] 《明史》卷一九九《郑晓传》："募盐徒骁悍者为兵。"

[3] 《明史》卷二一二《朱先传》："募海滨盐徒自为一军。"

[4] 《明史》卷二一二《俞大猷传》："（嘉靖四十二年）惠州参将谢敕与伍端、温七战，失利，以俞家军至，恐之。"

[5] 《明史》卷二〇四《翟鹏传》："（嘉靖二十一年）宣大总督……修边墙……得地万四千九百余顷，募军千五百人，人给五十亩，省仓储无算。"

（《大明会典》卷一二九）。隆庆二年以戚继光为总兵官练蓟镇兵，募浙兵三千作边军模范（《明史》卷二一二《戚继光传》），后又续募浙兵九千余守边，边备大饬（同上书《谭纶传》），甚至京军也用募兵充伍：

> （嘉靖二十九年）遣四御史募兵畿辅、山东、山西、河南，得四万人，分隶神枢、神机。（同上书卷八九《兵志》一）

从此以后，以募兵为主力，卫军只留空名，置而不用。[1]时人以为募兵较世军有十便：

> 年力强壮者入选，老弱疲癃，毋得滥竽其中，便一。遇有缺伍，朝募而夕补，不若清勾之旷日持久，便二。地与人相习，无怀故土逃亡之患，便三。人必能一技与善一事者方得挂名什伍，无无用而苟食者，便四。汰减之法，自上为政，老病不任役者弃之，不若祖军替顶，有贿官职而隐瞒年岁者，便五。部科遴柬，一朝而得数什百人，贪弁不得缘以揩勒需索，

---

[1] 《明史》卷二五一《蒋德璟传》："文皇帝设京卫七十二，计军四十万。畿内八府，军二十八万，又有中都、大宁、山东、河南班军十六万，春秋入京操演，深得居重驭轻之势。今皆虚冒，且自来征讨皆用卫所官军，嘉靖末，始募兵，遂置军不用，至加派日增，军民两困。"

便六。有事而强壮者人可荷戈，不烦更为挑选，便七。家有有力者数人，人皆得为县官出力，不愿者勿强也，便八。壮而不能治生产者，得受糈于官，无饥寒之患，便九。猛健豪鸷之材，笼而驭之，毋使流而为奸宄盗贼，便十。（《客座赘语》卷二）

万历末年建州勃兴，辽沈相继失守，募兵愈多，国库日绌。募来的兵多未经严格训练，又不能按时发饷，结果也和卫军一样，逃亡相继。熊廷弼《辽左大势久去疏》：

辽东见在兵有四种：一曰募兵，佣徒厮役，游食无赖之徒，几能弓马惯熟？几能膂力过人？朝投此营，领出安家月粮而暮逃彼营；暮投河东，领出安家银两而朝投河西。点册有名，及派工役而忽去其半；领饷有名，及闻告警而又去其半。此募兵之形也。（《熊襄愍公集》卷三）

甚至内地兵尚未出关，即已逃亡。[1]在辽就地所募兵，得饷后即逃亡过半。[2]天启时，以四方所募兵日逃亡，定法摄其亲属补伍

---

[1] 《明史》卷二三七《何栋如传》："会辽阳陷，时议募兵，栋如自请行。遂赍帑金赴浙江，得六千七百人……所募兵畏出关，多逃亡。"

[2] 《明史》卷二五九《熊廷弼传》："国缙主募辽人为兵，所募万七千余人，逃亡过半。"并参阅《熊襄愍公集》卷四《新兵全伍脱逃疏》。

(《明史》卷二五六《毕自严传》），也只是一个空头法令，实际上并不能实行。稍一缺饷，则立刻哗变，崇祯元年川、湖兵戍宁远时，以缺饷四月大噪，余十三营起应之，至缚系巡抚毕自严（《明史》卷二五九《袁崇焕传》）。"流寇"起后，内外交逼，将帅拥兵的都只顾身家，畏葸不敢作战。政府也曲意宽容，极意笼络，稍有功效，加官封爵，唯恐不及。丧师失地的却不敢少加罪责，唯恐其拥兵叛乱，又树一敌。由此兵骄将悍，国力日蹙。[1]诸将中，左良玉兵最强，拥兵自重，跋扈不肯听调遣，《明史》说他：

> 多收降者以自重，督抚檄调，不时应命……壁樊城，大造战舰，驱襄阳一郡人以实军，诸降贼附之，有众二十万……福王立……南都倚为屏蔽。良玉兵八十万，号百万，前五营为亲军，后五营为降军。每春秋肄兵武昌诸山，一山帜一色，山谷为满。军法用两人夹马驰，曰'过对'，马足动地殷如雷，声闻数里。诸镇兵惟高杰最强，不及良玉远甚。（《明史》卷二七三《左良玉传》）

---

[1]《明史》卷二六四《李梦辰传》："（崇祯六年冬）累迁本科左给事中。复言：'将骄军悍，邓玘、张外嘉之兵弑主而叛，曹文诏、艾万年之兵望贼而奔，尤世威、徐来朝之兵离汛而遁。今者，张全昌、赵光远之兵且倒戈为乱矣。荥泽劫库杀人，偃师列营对垒，且全昌等会剿豫贼，随处逗遛，及中途兵变，全昌竟东行，光远始西向。骄抗如此，安可不重治。'帝颇采其言。"

一人拥兵八十万,当时号为左兵。在崇祯时代他为保全私人实力,不听政府调遣。福王立,他又发动内战,以致清兵乘虚直捣南京。其他镇将如高杰、黄得功、刘泽清、刘良佐在北都亡后,拥兵江北,分地分饷,俨然成为藩镇。他们不但以武力干涉中央政事,还忙于抢夺地盘,互相残杀。高杰、黄得功治兵相攻,刘泽清、刘良佐、许定国则按兵不动。后来许定国诱杀高杰,以所部献地降清,刘泽清、刘良佐也不战降附,黄得功兵败自杀,南都遂亡。

七、军饷与国家财政

明初卫军粮饷,基本上由屯田所入支给。明太祖在初起兵时,即立民兵万户府,寓兵于农:

> 戊戌（1358年）十一月辛丑,立管理民兵万户府。令所定郡县民武勇者,精加简拔,编辑为伍,立民兵万户府领之。俾农时则耕,闲则练习,有事则用之。事平有功者一体升擢,无功令还为民。（《明太祖实录》卷六）

又令诸将屯田各处。建国后,宋讷又疏劝采用汉赵充国屯田备边的办法,以御蒙古。他说:

> 今海内乂安,蛮夷奉贡。惟沙漠未遵声教。若置之不理,则恐岁久丑类为患,边圉就荒。若欲穷追远击,六师往还万

里，馈运艰难，士马疲劳。陛下为圣子神孙万世计，不过谨备边之策耳。备边固在乎兵实，兵实又在乎屯田。屯田之制，必当以法汉（赵充国）……陛下宜于诸将中选其智勇谋略者数人，每将以东西五百里为制，随其高下，立法分屯。所领卫兵以充国兵数斟酌损益，率五百里一将，布列缘边之地，远近相望，首尾相应，耕作以时，训练有法，遇敌则战，寇去则耕，此长久安边之法也。（《西隐文稿》卷一〇《守边策略》）

同时由海道运粮到辽东，又时遭风覆溺。因之决意兴屯，不但边塞，即内地卫所也纷纷开屯耕种。定制边地卫所军以三分守城，七分屯种，内地二分守城，八分屯种。每军受田五十亩为一分，给耕牛农具，教树植，复租赋。初税亩一斗。建文四年（1402年）定科则，军田一分正粮十二石，贮屯仓，听本军自支。余粮为本卫所官军俸粮。永乐时东自辽左，北抵宣大，西至甘肃，南至滇、蜀，极于交趾，中原则大河南北，在在兴屯（《明史》卷七七《食货志》一《田制》）。养兵（数）百万，基本上由屯田收入支给（同上书卷二五七《王洽传》）。

除军屯，边上又有商屯。洪武时，户部尚书郁新创开中法：

以边饷不继，定召商开中法，令商输粟塞下，按引支盐，边储以足。（《明史》卷一五〇《郁新传》）。

第六章 明清：发展与鼎盛

商人以远道输粟，费用过大，就自己募人耕种边上闲田，即以所获给军，换取盐引，到盐场取盐贩卖营利，边储以足。

政府经费则户部银专给军旅，不作他用（《明史》卷二二〇《王遴传》）。户部贮银于太仓库，是为国库。内廷则有内承运库，贮银供宫廷费用，收入以由漕粮改折之金花银百万两为大宗。除给武臣禄十余万两，尽供御用。边赏首功不属经常预算，亦由内库颁发。国家财政和宫廷费用分开（同上书卷七九《食货志》三《仓储》）。军饷又概由屯田和开中支给。所以明初几次大规模的对外战争，如永乐、宣德时代之六次打蒙古，三次打安南，七次下西洋，虽然费用浩繁，国库还能应付。

可是军屯和商屯两种制度，不久便日趋废弛，国库也不能维持其独立性，为内廷所侵用。卫军坏而募兵增，政府既须补助卫军饷糈，又加上兵的饷银，国家经费入不敷出，只好采取饮鸩止渴的办法，以出为入，发生加派增税捐纳种种弊政，农民于缴纳额定的赋税以外，又加上一层军兵费的新负担。

军屯之坏，在宣德初年范济即已上书指出。他说：

> 洪武中令军士七分屯田，三分守城，最为善策。比者调度日繁，兴造日广，虚有屯种之名，田多荒芜。兼养马、采草、伐薪、烧炭，杂役旁午，兵力焉得不疲，农业焉得不废。（同上书卷一六四《范济传》）

屯军因杂役而废耕，屯的田又日渐为势豪所占。[1]正统以后，边患日亟，所屯田多弃不能耕。再加上官吏的需索，军士的逃亡，屯军愈困，卫所收入愈少。[2]政府没有办法，只好减轻屯粮，免军田正粮归仓，止征余粮六石。弘治时又继续减削，屯粮愈轻，军饷愈绌。《明史》记：

> 初，永乐时，屯田米常溢三之一，常操军十九万，以屯军四万供之。而受供者又得自耕，边外军无月粮，以是边饷恒足。（《明史》卷七七《食货志》一《田制》）

正统以后政府便须按年补助边费，称为年例。

军屯以势豪侵占，卫军逃亡而破坏，商屯则以改变制度而废

---

[1] 《明史》卷一五七《柴车传》："（宣德六年）山西巡按御史张勖言：大同屯田多为豪右占据，命车往按，得田几二千顷，还之军。"卷一七六《商辂传》："塞上腴田率为势豪侵据，辂请核还之军。"卷一五五《蒋琬传》："（成化十年，蒋琬上言）大同、宣府诸塞下，腴田无虑数十万，悉为豪右所占。"卷一八六《张泰传》："（弘治五年）泰又言：甘州膏腴地悉为中官、武臣所据，仍责军税。城北草湖资戍卒牧马，今亦被占。"卷二六二《孙传庭传》："（崇祯九年）西安四卫，旧有屯田二万四千田二万余顷，其后田归豪右，军尽虚籍。"

[2] 侯朝宗《壮悔堂文集》卷四《代司徒公屯田奏议》："（诸阃帅荫职以）肥区归己，而以其瘠硗者移之军士，久则窜易厥籍，而粮弥不均。于是不得不寄甲于势要，而欺隐遂多。欺隐多于是不得不摊税于佃军，而包赔愈苦。流病相仍，非朝伊夕，人鲜乐耕，野多旷土，职此之繇。"

弛。《明史·叶淇传》：

> 弘治四年……为尚书……惟变开中之制，令淮商以银代粟，盐课骤增至百万，悉输之运司，边储由此萧然矣。（同上书卷一八五）

盐商从此可以用银买盐，不必再在边境屯田。盐课收入虽然骤增，可是银归运司，利归商人，边军所需的是月粮，边地所缺的是米麦，商屯一空，边饷立绌。《明史·食货志》说：

> 迨弘治中，叶淇变法，而开中始坏，诸淮商悉撤业归，西北商亦多徙家于淮。边地为墟，米石直银五两，而边储枵然矣。

后来虽然有若干人提议恢复旧制，但因种种阻碍，都失败了。

明代国家财政每年出入之数，在初期岁收田赋本色米，除地方存留千二百万石（同上书卷二二五《王国光传》），河、淮以南以四百万石供京师，河、淮以北，以八百万石供边，一岁之入，足供一岁之用（同上书卷二一四《马森传》）。到正统时边用不敷，由中央补助岁费，名为年例。正统十二年（1447年）给辽东银十万两，宣大银十二万两（毕自严《石隐园藏稿》卷六《复议屯田疏》）。到弘治时，内府供应繁多，"今光禄岁供增数十倍，诸方织作为新巧，斋醮日费巨万，太仓所储不足饷战士，而内府收入,动四五十万。宗藩、贵戚之求土田,夺盐利者,亦数千万计。土木日兴,科敛不已。传奉冗官之俸薪,内府工匠之饩廪,岁增月积,无有穷期。"(《明史》卷一八一《刘健传》)财用日匮。国库被内廷所提用,军饷又日渐不敷,弘治八年尚书马文升以大同边警,至议加南方两税折银(《明史》卷一八一《谢迁传》)。正德时,诸边年例增至四十三万两(同上书卷二三五《王德完传》),军需杂输,十倍前制(同上书卷一九二《张原传》)。京粮岁入三百五万,而食者乃四百三万(同上书卷二〇一《周金传》)。嘉靖朝北有蒙古之入寇,南有倭寇之侵轶,军兵之费较前骤增十倍。田赋收入经过一百五十年的休养生息,反比国初为少。[1]嘉靖五年银的岁入只百三十万两,岁出至二百四十万(同上书卷一九四《梁材传》)。光禄库金自嘉靖改元至十五年积至八十万,自二十一年以后,供亿日增,余藏顿尽(同上书卷二一四《刘体乾传》)。嘉靖二十九年俺答入寇,兵饷无出,只好增加田赋,名为加派,征银一百十五万。这时银的岁入是二百万两,岁出诸边费即六百余万,一切取财法行之已尽。[2]接着是东南的倭寇,又于南畿浙闽的田赋

---

[1] 《明史》卷二〇八《黎贯传》:"嘉靖二年……寻疏言:'国初,夏秋二税,麦四百七十一万,而今损九万,米二千四百七十三万,而今损二百五十万。以岁入则日减,以岁出则日增。'"

[2] 《明史》卷二〇二《孙应奎传》:"俺答犯京师后,羽书旁午征兵饷。应奎乃建议加派,自北方诸府暨广西、贵州外,其他量地贫富,骤增银一百十五万有奇,而苏州一府乃八万五千。"

加额外提编，江南加至四十万。提编是加派的别名，为倭寇增兵而设，可是倭寇平后这加派就成为正赋（同上书卷七八《食货志》二《赋役》）。广东也以军兴加税，到万历初年才恢复常额（同上书卷二二五《李戴传》）。诸边年例增至二百八十万两（同上书卷二〇二《孙应奎传》，同书卷二三五《王德完传》）。隆庆初年马森上书说：

> 屯田十亏七八，盐法十折四五，民运十逋二三，悉以年例补之。在边则士马不多于昔，在太仓则输入不益于前，而所费数倍。（同上书卷二一四《马森传》）

派御史出去搜括地方库藏，得银三百七十万也只能敷衍一年。内廷在这情形下，还下诏取进三十万两，经户部力争，乃命只进十万两（同上书卷二一四《刘体乾传》）。万历初年经过张居正的一番整顿，综核名实，裁节冗费，政治上了轨道，国库渐渐充实，寖成小康的局面。张居正死后，神宗惑于货利，一面浪费无度，一面肆力搜括，外则用兵朝鲜，内则农民暴动四起，国家财政又到了破产的地步。

万历前期的国家收入约四百万两，岁出四百五十余万两。岁出中，九边年例一项即占三百六十一万两[1]，后来又加到三百八

---

[1] 《明史》卷二二四《宋缅传》："（万历十四年）迁户部尚书……又言：'边储大计，最重屯田、盐策。近诸边年例银增至三百六十一万，视弘治初八倍。'"

余万两。[1]每年支出本来已经不够，内廷还是一味向国库索银，皇帝成婚，皇子出阁成婚，皇女出嫁，营建宫殿种种费用都强逼由国库负担。[2]又从万历六年（1578年）起，于内库岁供金花银外，又增买办银二十万两为定制（《明史》卷七九《食货志》三《仓库》），结果是外廷的太仓库、光禄寺库、太仆寺库的储蓄都被括取得干干净净，内廷内库帑藏山积，国库则萧然一空。[3]万历二十年（1592年），哱拜反于宁夏，又接连用兵播州，朝鲜战役历时

---

[1] 《明史》卷二三五《王德完传》："万历十四年进士……累迁户科都给事中，上筹画边饷议，言：'诸边岁例，弘、正间止四十三万，至嘉靖则二百七十余万，而今则三百八十余万。'"

[2] 《明史》卷二二〇《王遴传》："故事，户部银专供军国，不给他用。帝大婚，暂取济边银九万两为织造费。至是复欲行之，遴执争。未几，诏取金四千两为慈宁宫用，遴又力持，皆不纳。"卷二二七《万象春传》："皇女生，诏户部、光禄寺各进银十万两，象春力谏，不听。"卷二二〇《赵世卿传》："福王将婚，进部帑二十七万，帝犹以为少……至三十六年，七公主下嫁，宣索至数十万。世卿引故事力争，诏减三之一，世卿复言：'陛下大婚止七万，长公主下嫁止十二万，乞陛下再裁损，一仿长公主例。'帝不得已从之。"卷二四〇《朱国祚传》："（万历二十六年）且诏旨采办珠宝，额二千四百万，而天下赋税之额乃止四百万。"《王德完传》："今皇长子及诸王子册封、冠婚至九百三十四万，而袍服之费复二百七十余万。"卷二四一《张问达传》："帝方营三殿，采木楚中，计费四百二十万有奇。"

[3] 《明史》卷二三〇《汪若霖传》："（万历）三十六年，巡视库藏，见老库止银八万，而外库萧然。诸边军饷逋至百余万。"

至七年，支出军费至一千余万两。[1]大半出于加派和搜括所得。《明史·孙玮传》记：

> 朝鲜用兵，置军天津，月饷六万，悉派之民间。（同上书卷二四一）

所增赋额较二十年前十增其四，民户殷足者什减其五。东征西讨，萧然苦兵（《明史》卷二一六《冯琦传》）。到万历四十六年（1618年）辽东兵起，接连加派到五百二十万两：

> 时内帑充积，帝靳不肯发。户部尚书李汝华乃援征倭、播例，亩加三厘五毫，天下之赋增二百万有奇。明年复加三厘五毫。又明年以兵工二部请，复加二厘。通前后九厘，增赋五百二十万，遂为岁额。（同上书卷七八《食货志》二《赋役》；卷二二〇《李汝华传》）

接着四川、贵州又发生战事，截留本地赋税作兵饷，边饷愈加不

---

[1] 《明史》卷二三五《王德完传》："（万历）二十八年，起任工科……极陈国计匮乏，言：'近岁宁夏用兵，费百八十余万，朝鲜之役，七百八十余万，播州之役，二百余万。'"按毕自严所记与此不同，《石隐园藏稿》卷六《清查九边军饷疏》："征哱拜之费用过一百余万，两次征倭之费用过五百九十五万四千余两，征播之费用过一百二十二万七千余两。"

够。从万历三十八年到天启七年（1610—1627）负欠各边年例至九百六十八万五千五百七十一两七钱三分（《石隐园藏稿》卷六《详陈节欠疏》）。兵部和户部想尽了法子，罗掘俱穷，实在到了无办法的地步，只好请发内库存银，权救边难，可是任凭呼吁，皇帝坚决不理。杨嗣昌在万历四十七年（1619年）所上的《请帑稿》颇可看出当时情形：

> 今日见钱，户部无有，工部无有，太仆寺无有，各处直省地方无有。自有辽事以来，户部一议挪借，而挪借尽矣。一议加派，而加派尽矣。一议搜括，而搜括尽矣。有法不寻，有路不寻，则是户部之罪也。至于法已尽，路已寻，再无银两，则是户部无可奈何，千难万苦。臣等只得相率恳请皇上将内帑多年蓄积银两，即日发出亿万，存贮太仓，听户部差官星夜赍发辽东，急救辽阳。如辽阳已失，急救广宁，广宁有失，急救山海等处，除此见钱急着，再无别法处法。（《杨文弱集》卷二）

疏上留中，辽阳、广宁也相继失陷。

天启时诸边年例又较万历时代增加六十万，京支银项增加二十余万（《石隐园藏稿》卷六《清查九边军饷疏》）。辽东兵额九万四千余，岁饷四十余万，到天启二年关上兵止十余万，月饷至二十二万（《明史》卷二七五《解学龙传》），军费较前增加六倍。新兵较旧军饷多，在招募时，旧军多窜入新营为兵，一面仍保留原额，政府付出加倍的费用募兵，结果募的大部仍是旧军，卫所方面仍须发饷。[1]从泰昌元年十月到天启元年十二月，十四个月用去辽饷至九百二十五万一千余两，较太仓岁入总数超过三倍（《杨文弱集》卷四《述辽饷支用全数疏》）。

崇祯初年，一方面用全力防遏建州的入侵，一方面"流寇"四起，内外交逼，兵愈增，饷愈绌。崇祯二年三月，户部尚书毕自严疏言：

> 诸边年例自辽饷外，为银三百二十七万八千有奇。今蓟、密诸镇节省三十三万，尚应二百九十四万八千。统计京边岁入之数，田赋百六十九万二千，盐课百一十万三千，关税十六万一千，杂税十万三千，事例约二十万，凡三百二十六万五千有奇。而逋负相沿，所入不满二百万，即尽充边饷，尚无赢余。乃京支杂项八十四万，辽东提塘三十余万，蓟、辽抚赏十四万，辽东旧饷改新饷二十万，出浮于入，已一百十三万六千。况内供召买，宣、大抚赏，及一切不时之

---

[1] 《杨文弱集》卷一，万历四十七年九月，《请立兵册清查辽饷确数稿》："新兵原食一两二钱，今递加至一两八钱。旧兵原食四钱，今递加至一两二钱。新兵递加，往开元等一两八钱，往铁岭等一两六钱。旧兵递加，其上等一两二钱，中等者八钱。"天启元年六月《三覆议山东河北增兵用饷稿》："定辽西新旧兵例分为五等，一等月给银二两，二等月给银一两八钱，三等月给银一两五钱，四等月给银一两二钱，五等月给银八钱。"

需，又有出常额外者。(《明史》卷二五六《毕自严传》)除辽饷不算，把全国收入，全部用作兵费还差三分之一。崇祯三年又于加派九厘外，再加三厘，共增赋一百六十五万四千有奇。[1]同年度新旧兵饷支出总数达八百七十余万，收入则仅七百十余万，不敷至百六十万(《石隐园藏稿》卷七《兵饷日增疏》)。崇祯十年增兵十二万，增饷二百八十万，名为剿饷：

> 其措饷之策有四：曰因粮，曰溢地，曰事例，曰驿递。因粮者，因旧额之粮，量为加派，亩输粮六合，石折银八钱，伤地不与，岁得银百九十二万九千有奇。溢地者，民间土田溢原额者，核实输赋，岁得银四十万六千有奇。事例者，富民输资为监生，一岁而止。驿递者，前此邮驿裁省之银，以二十万充饷……初，嗣昌增剿饷，期一年而止。后饷尽而贼未平，诏征其半。至是，督饷侍郎张伯鲸请全征。(《明史》卷二五二《杨嗣昌传》)

崇祯十二年又议练兵七十三万，于地方练民兵，又于剿饷外，增练

---

[1] 《明史》卷二五六《毕自严传》："兵部尚书梁廷栋请增天下田赋，自严不能止。于是旧增五百二十万之外，更增百六十五万有奇，天下益耗矣。"卷二五七《梁廷栋传》："请亩加九厘之外，再增三厘，于是增赋百六十五万有奇，海内并咨怨。"按卷二五二《杨嗣昌传》："神宗末增赋五百二十万，崇祯初再增百四十万。总名辽饷。"作百四十万，误。

饷七百三十万。时论以为：

> 九边自有额饷，概予新饷，则旧者安归？边兵多虚额，今指为实数，饷尽虚糜，而练数仍不足。且兵以分防不能常聚，故有抽练之议，抽练而其余遂不问。且抽练仍虚文，边防愈益弱。至州县民兵益无实，徒糜厚饷。以嗣昌主之，事钜莫敢难也。（同上）

从万历末年到这时，辽饷的四次递加，加上剿饷、练饷，一共增赋一千六百九十五万两。这是明末农民在正赋以外的新增负担。崇祯十六年索性把三饷合为一事，省得农民弄不清楚和吏胥的作弊。（同上书卷二六五《倪元璐传》）

因外族侵略和农民起义而增兵，因增兵而筹饷，因筹饷而加赋。赋是加到农民头上的，官吏的严刑催逼和舞弊，迫使农民非参加起义不可，《明史》卷二五五《黄道周传》说：

> 催科一事，正供外有杂派，新增外有暗加，额办外有贴助。小民破产倾家，安得不为盗贼。

结果是朱明统治的被推翻。"流寇"领袖攻陷北京的李自成起事的口号是：

> 从闯王，不纳粮！

福唐桂三王的灭亡
/ 吕　思　勉 /

明朝守山海关的是吴三桂。听得京城被围，带兵入援。到丰润，京城已经攻破了。李自成捉了吴三桂的父亲吴襄，叫他写信，招吴三桂来投降。三桂已经答应了。后来听得爱妾陈沅（亦作陈圆圆）被掠，大怒，走回山海关。李自成自己带着大兵去攻他。吴三桂就投降清朝。

毅宗殉国的前一年，清太宗也死了。世祖立，年方六岁。郑亲王济尔哈朗、睿亲王多尔衮同摄国政。这时候，济尔哈朗方略地关外，听得吴三桂来降，忙疾驱到离关十里的地方，受了他的降。和吴三桂共击李自成，大破之。李自成逃到永平。清兵追入关，自成向西逃走，仍回到西安。五月，多尔衮入北京，十月，清世祖就迁都关内。

先是北京的失陷，明朝福王由崧、潞王常淓（毅宗的从父）都避难到南京。毅宗殉国以后，太子也杳无消息，于是"立亲""立贤"的问题起（立亲则当属福王，立贤则当属潞王）。当时史可法（可法以兵部尚书，督兵勤王，在浦口）等都主立潞王，而凤阳提督马士英，挟着兵威，把福王送到仪征。大家不敢和他争执，只得把福王立了。士英旋入阁办事，引用其党阮大铖。阮大铖是阉党（魏忠贤的党），为公论所不齿的，久已怀恨于心。于是当这干戈扰攘的时候，反又翻起党案来。朝廷之上，纷纷扰扰。而福王又昏愚无比，当这国亡家破的时候，还是修宫室，选淑女，传著名的戏子进去唱戏；军国大事，一概置诸不管；明朝的局势，就无可挽回了。

清朝当打破李自成之后，肃亲王豪格和都统叶臣，就已分兵攻下河南、山东和山西。世祖入关之后，又命英亲王阿济格带着吴三桂、尚可喜，从大同边外攻榆延。豫亲王多铎和孔有德攻潼关。李自成从蓝田走武关。清兵入西安。阿济格一支兵，直把李自成追到湖北。自成在通城县，为乡民所杀。多铎一支兵，就移攻江南。

明朝这时候，上流靠着一个左良玉（驻武昌）做捍蔽；下流则史可法给马士英等挤出内阁，督师江北。可法分江北为四镇：命刘泽清驻淮北，以经理山东；高杰驻泗水，以经理开（开封）、归（归德）；刘良佐驻临淮（关名），以经理陈、杞；黄得功驻庐州，以经理光（光州）、固（固始）。而诸将争权，互相仇视。可法把高杰移到瓜洲，得功移到仪征，然诸将到底不和。1645年，三月，多铎陷归德，进攻泗州，可法进兵清江，高杰也进扎徐州，旋单骑到睢州总兵许定国营里。这时候，定国已和清朝通款，便把高杰杀掉，降清。高杰的兵大乱，可法忙自己跑去，抚定了他。而左良玉又因和马士英不协，发兵入清君侧。朝廷连催史可法入援。可法走到燕子矶，左良玉已病死路上，手下的兵，给黄得功打败了；可法又回到扬州；则清兵已入盱眙。可法檄调诸镇来救，可没有一个人来的。可法力战七昼夜，扬州陷，可法死之。京口守兵亦溃。福王奔黄得功于芜湖。清兵入南京。遣兵追福王，黄得功中流矢，阵亡。福王被擒。清兵入杭州而还（七月）。

于是兵部尚书张国维奉鲁王以海（太祖十四世孙）监国绍兴（六月）。礼部尚书黄道周，亦奉唐王聿键（太祖九世孙）称号于福州。（闰七月，道周旋从广信出兵衢州，至婺源，为清兵所败，被执，不屈死。）清朝既据南京，旋下薙发之令，于是江南民兵四起，也有通表唐王的，也有近受鲁王节制的。然皆并无战斗之力，"旬日即败"。1646年，清命肃亲王豪格和吴三桂定川、陕，贝勒博洛攻闽、浙。豪格入四川，与张献忠战于西充。献忠中流矢阵亡。其党孙可望、李定国、白文选、刘文秀等，溃走川南，旋入贵州。清兵追到遵义，粮尽而还。博洛渡钱塘江，张国维败死，鲁王奔厦门。唐王初因何腾蛟招抚李自成的余党，分布湖南北；而杨廷麟也起兵江西，恢复吉安，要想由赣入湘，然为郑芝龙所制，不能如愿。到博洛攻破浙东，芝龙就暗中和他通款，尽撤诸关守备。清兵入福建。唐王从延平逃到汀州，被执，旋为清兵所杀。

唐王既死，大学士苏观生（唐王派他去招兵的）立其弟聿𨮁于广州。兵部尚书瞿式耜等，亦奉桂王即位于肇庆。博洛派李成栋攻广东。十二月，破广州。聿鐭、观生皆自杀。成栋进陷肇庆，桂王走桂林。清朝又派降将孔有德、尚可喜、耿仲明攻湖南，金声桓攻江西。吉安陷，廷麟殉节。何腾蛟退守全州。1648年，金声桓、李成栋，以江西、广东反正。何腾蛟乘机复湖南。川南川东亦内附。清大同守将姜瓖亦叛。于是桂王移驻肇庆，共有两广、云、贵、江西、湖南、四川七省之地。清朝就派吴三桂定川、陕，郑亲王济尔哈朗会孔有德等攻湖南。都统谭泰攻江西。金声桓、李成栋、何腾蛟都败死。1650年，清兵复陷广州。明年，孔有德陷全州，进攻桂林。瞿式耜也败死（这时候，姜瓖已死，吴三桂已攻陷四川）。桂王避居南宁。差人封孙可望为秦王，请他救援。于是孙可望派兵三千，保护桂王，驻跸安隆（如今广西的隆林各族自治县），派刘文秀出叙州，攻重庆、成都。李定国攻全州、桂林。孔有德败死，吴三桂逃回汉中。于是明事又一转机。定国旋为孔有德所袭，失桂林，退保南宁。文秀进攻岳州，也大败于常德。然而清朝因为这一班人，都是百战之余；而云南、贵州，地势又非常险阻，于是派洪承畴居长沙，以守湖南；尚可喜驻肇庆，以守广东；李国英驻保宁，以守川北；其余的地力，暂时置之度外了。而桂王又因孙可望跋扈，召李定国入卫。定国把桂王迎接到云南，和刘文秀合兵。1657年，孙可望攻之，大败。遂降清。洪承畴因请大举。1658年，承畴从湖南，三桂从四川，都统卓有泰从广西，三路出兵。九月，三路兵会于平越，合兵入滇。定国扼北盘河力战，不能敌。乃奉桂王居腾越，而伏精兵于高黎贡山（在腾越之东）。清兵从云南、大理、永昌，直追向腾越，到高黎贡山，遇伏，大败而还。于是李定国、白文选奉桂王入缅。（刘文秀已死）1661年，清兵十万出腾越，缅人执桂王付三桂。明年，为三桂所弑。明亡。（白文选为三桂所执。李定国不多时，也病死于缅。）

削平三藩与对外用兵

/ 范 文 澜 /

一、削平三藩

吴三桂杀朱由榔，云、贵、两广归入清朝版图。当时满洲兵力有限，不能直接统治这样偏远的广大地区，最好的办法是暂时封给得力汉奸，替满洲残杀汉族义士，等到满洲势力强固，消灭汉奸，正像屠夫宰猪，叫嚎奔突一阵以后，胜利当然在屠夫方面。

福临封吴三桂为平西王，经略四川、云南，孔有德为定南王，经略广西，尚可喜为平南王，耿仲明为靖南王，经略广东。朱由榔死，玄烨令吴三桂王云南，尚可喜王广东，耿继茂（仲明嗣子）王福建（孔有德先在桂林败死，无子爵除），号称三藩。吴三桂部下有四镇十营，兵约十万，在三藩中最强悍，清朝对他也特别宽容。

康熙十二年，玄烨令尚可喜撤藩北还，吴三桂恐惧自危，明义士查如龙写血书劝三桂起兵恢复中原，血书被清官吏搜得，玄烨三桂间疑惧更甚。十一月，三桂拒绝撤藩令，据云贵叛清，自称总统天下水陆大元帅，兴明讨虏大将军，说是拥护朱三太子（并无其人），北伐胡虏，恢复明朝。吴三桂是穷凶极恶、猪狗不如的奸贼，汉族人民谁也不去理会他这个号召，只有一些汉奸乘机响应，贪求更大的权利。三桂遣大将王家屏攻四川，大将马宝攻湖南。十三年，广西将军孙延龄（孔有德女婿，镇广西）、四川巡抚罗森、靖南王耿精忠（继茂嗣子）相继叛清，数月中清失云南、贵州、湖南、广西、福建、四川六省。三桂亲至湖南督师，令诸将不得北进，希望清朝割地议和，划长江为国界。玄烨决心用兵，命安亲王岳乐进兵江西，简亲王喇布镇守江南，贝勒洞鄂与大学士莫洛由陕西攻四川，康亲王杰书、贝子傅喇塔由浙江攻福建，平南王尚可喜、两广总督金光祖由广东攻广西。主力军是岳乐一路，企图由袁州直取长沙，长沙破后，叛军动摇，荆州大军乘势进攻，在湖南消灭吴三桂。

十二月，陕西提督王辅臣（三桂义子）举兵反，陕甘震动，三桂留兵守湖南，自率大军谋取道川陕，合辅臣军进攻北京。十五年，尚可喜子尚之信降三桂。十六年，大学士图海击王辅臣，辅臣降。岳乐军攻长沙，三桂回军来援，玄烨令荆州军乘虚进攻，荆州军怯弱，不敢深入。耿精忠、尚之信叛三桂降清，三桂失势，穷困无聊，十七年三月，在衡州自称皇帝。八月，三桂死。部将迎三桂孙吴世璠，自云南来衡州继承帝位。十月，世璠迎柩归云南，清军各路进击,二十年,攻破昆明,吴世璠自杀。十九年,玄烨杀尚之信,二十一年杀耿精忠,三藩平。

这一次战争是满族与汉奸间举行大决斗,汉奸失败了,满族却并非战胜者,支持清朝政权削平叛乱的,是一批新起的汉奸。

吴三桂起兵,玄烨令顺承郡王勒尔锦率满汉精兵驻荆州。勒尔锦安坐城中,只向督、抚、司、道索取贡献,听说三桂进兵消息,胆战心惊,急将南怀仁新制大炮埋藏土穴,准备溃退。贝勒尚善奉命攻岳州,借口风涛险恶,不敢出击。简亲王喇布逗留江西,贝子洞鄂失机关中。玄烨派遣的满族将帅,终因怯懦无用,不得不撤回议罪。幸而叛军内部,猜忌纷乱,各不相顾,三桂屯兵不进,妄想议和,给玄烨提拔新汉奸,布置新阵容一个好机会。玄烨激励绿营将士道:"从古汉人叛乱,止用汉兵剿平,何曾有满兵助战。"因此陕西有张勇、赵良栋、王进宝、孙思克,湖北有蔡毓荣、徐治都、万正色,福建有杨捷、施琅、姚启圣、吴兴柞,浙江有李之芳,广东有傅宏烈,都出死力替清朝平乱,清朝传统的利用汉奸政策,又一次取得成效。

二、对外用兵

康熙二十二年,福建水师提督施琅攻台湾,郑克塽(郑成功孙)降。满族入关四十年,这时候,才完成统一的事业。玄烨为要巩固国内的统治,消除华夷的成见,发动武力,对外发展。胤禛雍正七年上谕说:"我朝入主中土,君临天下,连蒙古极边诸部落,都归入版图,这样说来,中国的疆土开拓广远,应该是中国臣民的大幸,哪得再存华夷中外的成见?"玄烨、胤禛、弘历三朝用兵不息,杀人无数,夺取边境外土地,用意是要汉族承认——这是中国臣民的大幸,还说什么华夷中外的分别?

(一)外蒙古及新疆天山北路(准部)

清初西域分准部、回部两大部。

外蒙古以西,天山以北一带地方,有厄鲁特蒙古人(明朝称为瓦拉)居住游牧。厄鲁特分四部:(1)和硕特部(居乌鲁木齐附近,明末侵入青海);(2)准噶尔部(居伊犁);(3)杜尔伯特部(居额尔齐斯河流域);(4)土尔扈特部(居塔尔巴哈台)。康熙十六年,准噶尔汗噶尔丹统一厄鲁特四部。十七年,噶尔丹征服天山南路回部,势力渐盛。

元亡后,蒙古分三大部。漠南蒙古(内蒙古)、漠北喀尔喀蒙古(外蒙古)两部酋长,都是成吉思汗的后裔。居西域的厄鲁特蒙古,酋长系出脱欢太师及也先可汗,与内外蒙古不同祖。噶尔丹攻喀尔喀土谢图汗(土谢图部居土拉河流域,东有车臣汗,居克鲁伦河流域,西有札萨克图汗,居杭爱山西麓),又攻车臣、札萨克图两汗,并劫掠大喇嘛哲布尊丹巴呼图克图(外蒙古活佛)的财产。喀尔喀三部数十万人,分路投漠南请降。康熙二十八年,玄烨令噶尔丹罢兵,归还喀尔喀侵地。二十九年,噶尔丹侵入内蒙古乌珠穆沁境。玄烨借口调停战祸,亲率大军出古北口、喜峰口,大败噶尔丹军，噶尔丹逃回科布多，损失人马数万。三十年，玄烨出张家口，至多伦诺尔，受喀尔喀诸酋朝拜，分喀尔喀为左、右、中三路，共三十旗，废济农（副王）、诺颜（长官）等旧名号，改授王、贝勒以下爵位。从此外蒙古三十旗，与内蒙古四十九旗同为清朝的藩属。

康熙三十四年，噶尔丹声称借俄罗斯鸟枪兵六万，将大举报仇。三十五年，玄烨亲率大军进至克鲁伦河，噶尔丹不战遁走。清西路军费扬古、孙思克至昭莫多（库伦东）大破噶尔丹，斩首数千级，生擒数百人，获驼、马、牛、羊、帐、械无算。

噶尔丹与清军久战，侄子策妄阿拉布坦据伊犁，遣使至北京，订约夹攻噶尔丹。康熙三十六年，噶尔丹穷困自杀。策妄侵略附近诸部。五十六年，攻入西藏拉萨，杀拉藏汗（西藏政治首领），拘囚达赖喇嘛（西藏宗教首领），西藏大乱。五十九年，玄烨令部统延信自青海，都统噶尔弼自打箭炉两路入藏，策妄军败归伊犁。雍正五年，策妄死，子噶尔丹策零继位。

雍正七年，胤禛命大将军傅尔丹率八旗兵屯阿尔泰山，自北路进，大将军岳钟琪率绿营兵屯巴里坤（新疆巴里坤哈萨克自治县），自西路进，定明年会攻伊犁。策零攻清西路军，胜败不决。九年，傅尔丹进驻科布多城。策零击傅尔丹，清北路军大败，满兵生还仅二千人。策零追击清军至三音诺颜（土谢图汗属部），郡王策凌大破策零军。胤禛奖策凌战功，令三音诺颜与土谢图、车臣、札萨克图并列为外蒙古四部。十年，策零别路军击岳钟琪，胜败约略相当。清朝忌岳钟琪威名盛大，大学士鄂尔泰劾钟琪"拥兵数万，坐失机会，既不能料敌于事先，又不能歼敌于败（策零军在哈密战败逃走）后"。胤禛依据鄂尔泰的奏劾，召钟琪还朝，革职闲住，令副将军张广泗代掌大将军印。

雍正十年七月，噶尔丹策零亲率大军至厄得尔河源（外蒙古乌里雅苏台东北境），三音诺颜王策凌调蒙古兵三万人，大破策零军，满洲兵不敢邀击败军归路，策零得收残兵遁去。

八旗兵在战争中，完全暴露了不堪一击的丑形，三音诺颜王策凌每战必胜，更使清朝引为北方未来的隐忧。自康熙五十六年与策妄构兵，十余年来，糜饷七千余万两，国库渐感艰难，雍正十二年，许策零议和。

乾隆十年，策零死，准部内乱。弘历用降酋阿睦尔撒纳为向导，二十年，清兵分北西两路出击，杀准部大酋达瓦齐。二十一年，阿睦尔撒纳据准部叛。二十二年，清将军成衮札布从北路（乌里雅苏台）、将军兆惠从西路（巴里坤哈萨克自治县），乘准部内乱，诸部离散，长驱进占伊犁，阿睦尔撒纳逃入俄罗斯境，病死。清军屠杀准部人，深山荒野，无地不搜，小部落数十百户，也不让一人生存。准部盛时有户二十余万，人口六十余万，战败后，清军屠杀约十之五，疫死约十之二，逃入俄境约十之三。

（二）新疆天山南路（回部）

天山南路居民信奉回教，因称为回部。清军占领准部，将军兆惠遣使招降诸回酋。回民数十万户拥酋长博罗尼都（大和卓木）、霍集占（小和卓木）抗清，只有库车、拜城、阿克苏三城的阿奇木伯克（官名）鄂对等走伊犁降兆惠。乾隆二十三年，兆惠率鄂对等攻回部。二十五年，兆惠军由乌什向喀什噶尔，富德军由和阗向叶尔羌，大小和卓木弃两城越葱岭西走，死。清尽有天山南北两路，称为新疆。设伊犁、塔尔巴哈台、乌鲁木齐、喀什噶尔四镇，将军驻伊犁。

清朝承认回民的宗教风俗，征收租税，依准噶尔旧额取二十分之一。更巧妙的统治术是禁止辫发，只有四品以上回官，才允许薙头，作为一种恩典。

（三）西藏

西藏在唐朝称为吐蕃。李世民贞观时代，赞普（王）弄赞笃信佛教，自印度迎僧侣入国都拉萨传教，用印度字制国文，全藏化成佛教国。僧侣称喇嘛，吐蕃语无上的意思。元世祖忽必烈尊吐蕃僧八思巴为国师，封大宝法王，掌全藏政教大权。法王得娶妻（普通喇嘛不得娶妻），后嗣称萨迦（释迦）呼图克图（转生、再世）。衣帽本印度旧式，色赤。明初，西宁僧宗喀巴创新教，禁娶妻，衣帽用黄色。因此喇嘛有红教、黄教两派，黄教在前藏盛行，红教据后藏与黄教对抗。朱见深成化十五年（1479年），宗喀巴死，有两大弟子并居拉萨，一名达赖喇嘛（自称观音化身），一名班禅喇嘛（自称金刚化身），继嗣宗喀巴教法，为黄教徒宗主，黄教禁娶妻生子，别创一嗣续法，声称达赖、班禅两喇嘛永远不死，示寂（死）后仍呼毕尔罕（转世、化身），住世济度众生。达赖三世索南嘉措渐得蒙古诸部尊信，俺答汗迎索南嘉措至青海，黄教大行。漠北诸部，奉宗喀巴第三弟子哲布尊丹巴的后身为大呼图克图，居库伦，总管蒙古教务，地位比班禅低一等。

清初，达赖五世用亲信人桑结为第巴（代达赖管政治），招青海和硕特部固始汗击杀后藏红教护法酋长藏巴汗，红教徒逃往不丹及尼泊尔，班禅喇嘛自拉萨徙居札什伦布，统治后藏，自此达赖、班禅分主两藏。桑结又密约准噶尔部噶尔丹汗，攻入青海，和硕特驻军退出西藏，桑结得握全藏政权。康熙二十一年，达赖五世死，桑结权力更大，助喀尔丹反抗清朝的进攻。康熙三十六年，清兵入藏，立仓央嘉措为第六世达赖。雍正三年，派驻藏大臣带四川陕西兵二千镇压藏民。乾隆十二年，废西藏贵族汗、王、贝子等称号，设四个噶布伦，分管政事，又增加驻防兵一千五百名。五十六年，又增驻防兵四千。驻藏大臣掌握西藏政权，与达赖、班禅立在对等的地位，凡任免噶布伦及土官，审查财政收支，春秋二季巡阅国境，都要驻藏大臣会同办理。

据乾隆二年理藩院统计，达赖所辖寺院三千零五十余所，喇嘛三十万二千五百余人，百姓十二万一千四百三十八户；班禅所辖寺院三百二十七所，喇嘛一万三千七百余人，百姓六千七百五十二户。

（四）青海

明末，和硕特部固始汗自乌鲁木齐侵占青海。顺治十三年，固始汗死，子孙分两支，一支驻西藏，称拉藏汗；一支驻青海及河套西部，称鄂齐图汗及阿拉善王。噶尔丹破青海及套西，阿拉善王和罗理降清。康熙三十七年，封达什巴图尔（固始汗第十子）为亲王，余酋各授贝勒、贝子、公等爵号，青海成清外藩。达什巴图尔死，子罗卜藏丹津继位，雍正元年纠合各部反清，与准部策妄阿拉布坦联盟，攻西宁城。胤禛命川陕总督年羹尧、四川提督岳钟琪驻西宁，伺机进击。二年，岳钟琪率精兵五千，马一万，袭罗卜藏丹津，大破丹津军，杀八万余人，俘数万人，丹津着妇女衣装，逃归准噶尔。清军平青海，分厄鲁特蒙古降人为二十九旗，令喀尔喀、土尔扈特、辉特各自为部，不得与厄鲁特合并。又有西宁番人（吐蕃），凡二三百部，不相统属，清采土司制，设番目，令受地方官管辖。从此青海成为清朝的领土。

（五）苗疆

贵州东南境，有苗族居住的一大地区，周围三千余里，称为苗疆。雍正四年，云贵总督鄂尔泰奏请改土归流。所谓改土归流，就是废除世袭的土司，苗民归清朝地方官（流官）管理，也就是取消苗族的"自治权"，要苗民完全同化在满族里。胤禛自然准奏，令鄂尔泰做云贵广西三省总督，全权办理侵苗事宜。鄂尔泰令游击哈元生经略乌蒙（云南昭通市）、镇雄（云南镇雄县）一带，令总兵石礼哈收复贵州东西南三面边境生苗二千余寨，令知府张广泗诱胁古州（贵州榕江县）苗民，自四年至九年，凡开苗疆二三千里，约当贵州全省的一半。

开苗疆诸功臣，都升大官调走，继任官吏，贪虐更甚。雍正十三年，台拱（贵州台江县）苗寨群起抗清，攻破黄平（贵州黄平县境）、清平（贵州麻江县境）等州县。副将冯茂诱杀降苗六百余人，头目三十余人，苗族反抗愈烈，甚至出战前自杀妻女，宁死不反顾。胤禛发云南、四川、两湖、两粤六省大兵进击，屡败无功。乾隆元年，任张广泗为七省经略。广泗奏称："我军分战兵、守兵为二，苗人合生苗、熟苗（汉化的苗人）为一，我军因分力单，苗人因合力强。当今急务，在于暂时诱降熟苗，令缴出凶首、器械，使生苗势孤。集中大兵分三路直捣生苗巢穴，我力专，彼力分，我军整，彼军散，一战可灭。回来再重惩从逆各熟苗，免得留后患。"张广泗的计划实行了，熟苗被诱停止战斗，清军分兵八路，入深山搜杀生苗，斩首万余级，饿死跌死的无数。广泗乘胜袭击熟苗，烧毁一千二百二十四寨，斩首数万级。战后，贵州苗疆切实被清朝占领。

（六）大小金川

乾隆十二年，弘历命张广泗侵夺四川西边大金川地，大金川土司（吐蕃族）莎罗奔坚守战碉，广泗军失利。十三年，弘历起用革职将军岳钟琪，逮张广泗至京斩首。十四年，岳钟琪率兵深入大金川境，莎罗奔不战降服。

乾隆三十一年，弘历令四川总督阿尔泰召集小金川等九土司兵攻大金川，三十六年，两金川合兵击败清军。弘历怒杀阿尔泰，命温福、阿桂领兵进攻。三十七年，温福战死，全军歼灭。阿桂军攻破小金川，分兵三路击大金川。四十一年，金川全境平。大小金川，户不满三万，地不过千里，清朝不惜用兵七八万人，费银七千万两，求得区区的胜利，究竟为了什么呢？只是为了满足弘历一人侵略的野心。

（七）缅甸、安南

乾隆三十二年，弘历命明瑞为云贵总督兼征缅将军，调满洲兵三千，云贵兵二三万侵略缅甸。明瑞将兵一万七千，都统额尔景额将兵九千，分两路进攻国都阿瓦。三十三年，明瑞深入无援，大败自杀。弘历怒，命大学士傅恒为经略，阿里衮、阿桂为副将军，大举侵缅。缅王奏请息兵朝贡，弘历不许。三十四年，傅恒调集满汉精兵五六万，随带四川善念毒咒的喇嘛，分水陆三路进军。主力由戛鸠江（一名兰鸠江，又名槟榔江）出河西，经孟拱、孟养两土司地，先破旧国都木疏。再攻取新国都阿瓦。偏军由戛鸠江东岸经孟密夹江前进，策应军由水路顺流南进，声援陆路两军。清军三路大胜，渡伊腊瓦底河，攻老官屯，缅兵坚守不屈，清军疫死无数，不能久留，与缅王孟驳订和约退军。

弘历侵缅失利，定要报复，乾隆四十一年，金川平，命阿桂往云南，筹备攻具。当时缅甸王室争位内乱，国势渐衰，土产象牙、苏木、翡翠及海口洋货、波龙铜矿，都被云南拒绝交易，财力大困。邻敌暹罗又朝贡中国，受封为王，缅甸益惧。五十三年，遣使入朝谢罪请和。五十五年，缅王孟云受清敕封，缅甸成为清朝的朝贡国。

乾隆五十三年，安南国内乱，国王黎维祁失位，窜匿民间。弘历借口百余年来，黎氏朝贡不绝，应受天朝保护，出兵三路攻安南篡夺人阮文惠。清军主力出广西镇南关，经谅山州达北宁，一军由广西钦州泛海，过乌雷山至广南州万宁府，陆行达广安府，一军由云南蒙自县经莲花滩至宣光州宣光府，至洮江地方。广西巡抚孙士毅、提督许世亨率两广兵一万长驱直入，大破安南军，攻克国都河内（东京），黎维祁及黎氏宗族遗民出迎路旁，弘历封黎维祁为安南国王。

阮文惠逃归富春城，假称求降，孙士毅骄满不设备。乾隆五十四年元旦，军中饮酒演戏，阮文惠忽驱象载大炮夜间冲营，清军仓促应战，自相践踏，许世亨战死，孙士毅逃归镇南关，将士生还仅数千人，黎维祁又弃位窜匿。阮文惠得东京，畏清军报复，改名阮光平，遣使朝贡谢罪。弘历废黎维祁。五十五年，阮光平亲到北京受封，安南成为清朝的朝贡国。

与阮光平对立的广南王阮福映，失国逃往暹罗，请法国传教士百多禄悲柔求法兰西王路易十六出兵援救，愿给法国许多特权。乾隆五十九年，悲柔与法国军官等助阮福映攻阮光平。嘉庆七年（1802年）陷河内，阮福映统一安南全境。九年，遣使至北京求封，颙琰封为越南王。

乾隆三十六年，缅甸王孟驳乘暹罗内乱，攻陷国都犹地亚。华侨郑昭起兵逐缅甸守军，四十三年，收复犹地亚，迁都盘谷，众推为暹罗王。郑昭遣使来北京朝贡，愿充外藩。四十五年，昭被仇家谋杀，养子郑华平乱继位，号称索由提耶王，五十一年入贡中国，得封为暹罗国王。

（八）廓尔喀

乾隆三十二年，原居克什米尔的廓尔喀族酋长布剌苏伊那拉因侵入尼泊尔国，自称国王。尼泊尔在后藏极西边境，居民业农商，与西藏印度通商贸易。五十三年，廓尔喀侵后藏，驻藏大臣保泰仓皇遁走，廓尔喀大掠札什伦布。弘历命福康安为将军，海兰察为参赞。五十七年，福康安率军由青海入后藏，大举追击，深入尼泊尔国境七百余里，距国都加德满都只一天路程。福康安气浮意骄，俨然自命为诸葛孔明复生，挥军轻进，被袭击大败。清军恐冬季大雪封路，不敢久留，许尼泊尔请和，急退军归西藏。此后尼泊尔成为清朝的朝贡国。

玄烨、胤禛、弘历三朝侵略胜利的结果，统治阶级更养成目空一切，唯我独尊，中国以外不再有同等国家的昏谬思想（这种思想的养成，还有历史传统的原因）。又适当欧洲各国竞遣使臣来华商议通商，准备侵略中国，清朝却指为外国朝贡使，布告全国，向人民夸示满族的强盛，证明皇帝确是万国的共主。边疆官吏照例在外国使官赠送清皇帝的礼物上,揭着"某国王奉献中国皇帝之贡物"等标志,自边境送达北京,使沿途人民目睹贡物,相信西洋诸国真是大清的藩属。外国使官来的愈多,清朝君臣认为远方慕义,骄傲愈甚,强并定期朝贡国(缅甸、安南等国朝贡有定期)与欧洲通商国(英、法等国贡期无定)为同类,使官见皇帝必须依朝贡国例,行三跪九叩首大礼,引起许多次外交上无意义的纠纷事件,后来又成为激起战争的原因之一。

卫拉特的盛强和清朝征服蒙古

/ 吕 思 勉 /

从元顺帝退出中原以后,漠南北的历史,简直是蒙古和瓦刺——卫拉特——斗争的历史。达延汗之兴,蒙古人总算恢复其势力,而卫拉特亦仍不失其为大部。从明朝末叶以后,蒙古人尊信了喇嘛教,扩悍好杀的性质渐次变化,其势颇流于弱,而卫拉特转强。清初,卫拉特四部分布的形势如下:

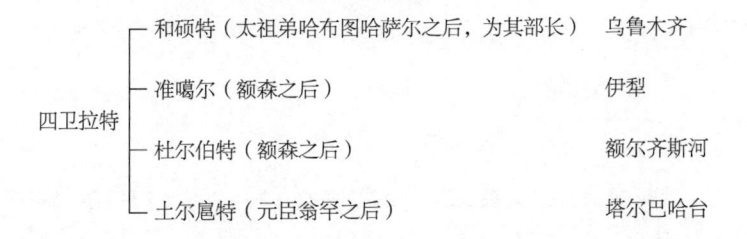

四卫拉特	和硕特(太祖弟哈布图哈萨尔之后,为其部长)	乌鲁木齐
	准噶尔(额森之后)	伊犁
	杜尔伯特(额森之后)	额尔齐斯河
	土尔扈特(元臣翁罕之后)	塔尔巴哈台

明中叶以后,黄教虽行于西藏,但红教的法王(红教法王,

称萨迦呼图克图。萨迦,即释迦之转音;呼图克图,译言后身)仍居札什伦布,保有其势力。而拉克达城的藏巴汗,为之护法。崇祯十六年(1643年),西藏第巴桑结,始招和硕特的固始汗(亦作顾实汗)入藏,袭杀藏巴汗。于是和硕特部徙牧青海,兼据喀木,干涉藏事,就开了西藏和卫拉特部的关系。(固始汗奉班禅居札什伦布,是为达赖、班禅分居前后藏之始。)

当和硕特部之强,准噶尔部长浑台吉,也同时蚕食近部。把土尔扈特逐去(土尔扈特移居窝瓦河流域,准噶尔遂与喀尔喀接壤),又胁服杜尔伯特。浑台吉死后,子僧格立,为异母兄所杀。僧格的同母弟噶尔丹,从西藏回来,定乱自立(1673年,清圣祖康熙十二年)。噶尔丹在西藏,和桑结要好的。而固始汗的儿子达颜汗,和桑结不协。于是1677年,桑结又暗召噶尔丹,袭杀达颜汗,于是准噶尔统一卫拉特四部,势大张。这时候,喀什噶尔的白山、黑山两宗,方互相争斗。白山宗亚巴克,败走拉萨。1678年,噶尔丹又以达赖喇嘛之命,破黑山党,而立亚巴克为喀什噶尔汗。于是从伊犁徙牧阿尔泰山,以窥蒙古。1684年,故意差人去侮辱土谢图汗。土谢图汗果然大怒,把他杀掉。1688年,噶尔丹率众三万,往袭喀尔喀。喀尔喀三汗(车臣、土谢图、札萨克图)部众数十万,同时奔溃,都走漠南降清。

清朝同蒙古的关系,起于太祖时的九国之师。这时候,察哈尔的林丹汗强盛,颇凭陵诸部。于是东方的科尔沁等部,就归附于清。林丹汗之妻,是叶赫贝勒锦台什(明朝人称为金台吉)的孙女，所以林丹汗和清朝不协。明朝人就厚给岁赐，叫他联合诸部，共御满洲。后来林丹汗凌轹诸部不已，土默特也乞援于清。崇祯十一年（1638年），清太祖会合蒙古诸部，出其不意，袭击林丹汗。林丹汗走死青海的六草滩。明年，其子额哲，奉传国玺降清。漠南蒙古遂平。然对于漠北，还没有什么主从的关系。

到这时候，清圣祖忙受了喀尔喀的降，发粟振济，而且把科尔沁的地方借给他放牧。1690年，噶尔丹入寇。清圣祖分兵两路，出古北、喜峰二口迎敌，自己也亲幸边外。噶尔丹破清兵于乌珠穆沁，进至乌兰布通（在辽河南，离赤峰七百里），为清兵所败，退据科布多。1695年，又以兵三万，据克鲁伦河上流。于是圣祖派将军萨布素，以满洲科尔沁兵出其东。费扬古调陕甘兵出宁夏，攻其西。车驾亲出独石口。明年四月，渡瀚海，指克鲁伦。噶尔丹夜遁，至昭莫多，为费扬古所败，退居塔米尔河（鄂尔坤河的支流）。又明年，圣祖幸宁夏，命萨布素、费扬古分兵深入。这时候，噶尔丹的伊犁旧地，已为僧格的儿子策妄阿拉布坦所据。阿尔泰山以西尽失。回部青海亦叛。连年用兵，牲畜和精锐的兵，死亡略尽。闻大兵出，遂自杀。阿尔泰山以东平。喀尔喀三汗，依旧回到漠北。

明清兵制

/ 吕 思 勉 /

　　明朝的兵制和唐朝的府兵最为相像，其制系以"卫""所"统兵，而以"都督府"和"都司"统辖卫所。凡都司，都属于都督府，但卫所亦有属都督府直辖的，其编制以百二十人为一百户，千二百人为一千户，五千六百人为一卫。中、左、右、前、后五军都督府，设于京城。有左右都督、同知、佥事。都司有都指挥使，卫有卫指挥使，千户所有正副千户，百户所有百户。每百户之下，设总旗二名，小旗十名。自卫指挥使以下，官多世袭；其军士亦父子相继。凡卫所的兵，平时都从事于屯田。有事则命将统带出征；还军之后，将上所佩印，兵亦各归卫所。统率之权，在于都督府；而征伐调遣，则由于兵部。天子的亲军，谓之"上直卫"。此外又有南北京卫，都以卫所之兵调充。凡此，都和唐朝的兵制，极相像的。但是后来，番上京师的"三大营"，既然腐败得不堪，而在外的卫所，亦是有名无实。

清朝的兵制，则初分"旗兵""绿营"，后来有"勇营"，再后有"练兵"。末年又仿东西各国，行"征兵"之制。

旗兵分满洲八旗、蒙古八旗、汉军八旗。满洲八旗太祖时就有，其初但分正黄、正白、正红、正蓝四旗，后来兵多了，才续添出镶黄、镶白、镶红、镶蓝。蒙古、汉军八旗，则均系太宗时所置。每旗置都统一，副都统二。凡辖五参领，一参领辖五佐领，一佐领辖三百人。入关之后，八旗兵在京城的，谓之禁旅八旗，仍统以都统副都统。驻守各处的，谓之驻防八旗，则统以将军副都统。八旗兵都系世袭。一丁受饷，全家坐食。其驻防各省的，亦都和汉人分城而居。尚武的风气既已消亡，而又不能从事生产。到如今，八旗生计，还成为一个很困难的问题。

绿营则沿自明朝，都以汉人充选，用绿旗为标志，以别于八旗，所以谓之绿营。皆隶于提督、总兵。总兵之下，有副将、参将、游击、都司、守备、千总、把总、外委等官。提镇归督抚节制。督抚手下，亦有直接之兵，谓之督标、抚标。其兵有马步之别。

乾隆以前，大抵出征则用八旗，平定内乱，则用绿营。川楚教民起后，绿营旗兵，都毫无用处，反借乡兵应战。于是于绿营之外，另募乡民为兵，谓之练勇。太平军起后，仍借湘淮军平定。于是全国兵力的重心，移于勇营（勇营的编制，以百人为一哨，五哨为一营。马队以五十人为一哨，五哨为一营。水师以三百八十八人为一营）。法越之役，勇营已觉得不可恃，中日之战，更其情见势绌了。

于是于勇营之外，挑选精壮，加饷重练，是为练军。各省绿营，亦减其兵额，以所省的饷，加厚饷额，挑选重练。

练军之中，最著名的，为甲午战后所练的武卫军。分中、左、右、前、后五军，都驻扎畿辅。而其改练新操最早的，则推湖北的自强军（张之洞总督湖广时所练）。

征兵之制，实行于1907年。于各省设督练公所，挑选各州县壮丁，有身家的，入伍训练，为常备兵。三年，放归田里，谓之续备兵。又三年，退为后备兵。又三年，则脱军籍。其军官之制，分三等九级。上等三级，为正副协都统，中等为正副协参领，下等为正副协军校。

水师之制，清初分内河、外海。江西、湖南、湖北战船，属于内河。天津、山东、福建战船，属于外海。江、浙、广东，则两者兼有。以水师提督节制之。太平军起后，曾国藩首练水师，以与之角逐，遂成立所谓长江水师，而内河水师亦一变。事平以后，另练南北洋海军，而外海水师之制亦一变。（从前广智书局出有夏氏所著《中国海军志》一册。于清代海军沿革，叙述颇详，可供参考。又甲午以前海军情形，亦散见《东方兵事纪略》《中东战纪本末》两书中。）

火器沿革，见《明史》卷九十二和《清朝全史》第十四、第三十七两章。文长不能备录，可自取参考。